Daniel Odier – Die Ekstase des Herzens

W0332469

Daniel Odier

Die Ekstase des Herzens

Der tantrische Weg zum Erwachen

Aquamarin Verlag

© 2000 der französischen Originalausgabe
Éditions du Relié, F-84220 Gordes
Titel der französischen Originalausgabe:
Le grand Sommeil des Éveillés

© 2005 der deutschen Ausgabe
Aquamarin Verlag GmbH
Voglherd 1 • D-85567 Grafing
www.Aquamarin-Verlag.de
Übersetzung aus dem Französischen: Dr. Veronika Sellier

Umschlaggestaltung: Annette Wagner
Druck: Ebner & Spiegel • Ulm
ISBN 3-89427-281-3

INHALT

Für alle aufrichtigen Sucher
in Anerkennung ihres Mutes

VORWORT

Von Zeit zu Zeit, während aller Epochen und in allen spirituellen Traditionen, stehen Einzelne auf und sagen, was ihnen selbstverständlich scheint, nicht, um jemand Besonderes zu sein, sondern um auf den Tiefschlaf der Pseudo-Erwachten aufmerksam zu machen und um das Ende der spirituellen Illusion einzuläuten.

Wir sind heute überschwemmt von einer Fülle von Botschaften und Lehrern. Schon bald kommt ein spiritueller Meister auf drei Einwohner, und jeder Sucher steht vor einem halben Dutzend Befreiung verheißender Wege. Aber Befreiung wovon? Von Abhängigkeit, Leiden, Einsamkeit? Sicher nicht. Alles steht uns zur Verfügung, aber unsere geistige Gier drängt uns zu einem künstlichen Verstehen, das uns auf unserer Suche scheitern lässt. Da wir von der Zeit besessen sind, bleiben wir stecken. Es genügt nicht, eine Trommel zu kaufen, um ein Schamane zu werden; es reicht nicht aus, Stimmen zu hören, um mit den Meistern aus alten Zeiten zu kommunizieren, es ist nicht genug, zu meditieren, um seine Illusionen zu verlieren.

Wir werden von Pseudo-Weisen manipuliert, die eine

an ein überdimensionales Ego aufgehängte Billig-Erleuchtung vor sich hertragen. Diese Erleuchteten lassen uns mit Bedacht in ein System abgleiten, das uns mit Händen und Füßen an das Werden bindet. Die forschen Jung-Gurus erwachen nach drei Sommer-Workshops und geben ihren Beruf auf, um zu lehren, ohne die nötige Reife dafür zu haben. Die alten Füchse sind auf der Hut und wählen mit spitzen Fingern diejenigen aus, die mittelmäßiger sind als sie selbst, um sicher zu sein, dass man sie nicht vergisst. Die Mehrzahl der Nicht-Berufenen, die das Lehren zu ihrem Beruf machen, überliefert einzig die eigene Verwirrung, um weiterhin ihren Lebensunterhalt zu verdienen und ihren Ehrgeiz zu befriedigen.

Wo steckt die Lüge? Die meisten kennen den Zustand nicht, von dem sie sprechen, und die, die ihn kennen, machen ihn vor der Weitergabe erst einmal unkenntlich. Wie Lin-chi sagte, bedeutet dies „Unrat in den Mund stecken, um die anderen damit zu bespucken". Ordensleute verstehen weder etwas vom Sozialwesen, noch von Begierde, noch von Freiheit. Die Traditionalisten ersticken die Tradition während der Überlieferung. Die Lehrenden offenbaren das absolute Geheimnis nicht, sei es aus Unkenntnis, sei es, dass sie, besessen von einer elitären Idee, meinen, dass nur wenige es verdienen, die tiefste Lehre zu erhalten. Dieses eifersüchtig gehütete Geheimnis heißt *Mahachinachara* oder „Großer Chinesischer Weg". Es wird als höchste Stufe des Tantra und des Ch'an überliefert und bildet seine Essenz. Es basiert nicht auf einem Text, aber man findet seine Spuren in einem Dutzend *Agamas* (tantrische Texte, in denen Shiva die Shakti unterweist) oder

Nigamas (Texte, wo die Shakti Shiva unterweist). Es wurde noch nie in westliche Sprachen übersetzt und enthält eine glänzende Darlegung des *Mahachinachara* durch die großen Ch'an-Meister.

Ich erfuhr von ihrer Existenz 1967, während der Begegnung mit einem gelehrten chinesische Yogi in Kalimpong. Chien Ming Chen, ein Autor von zahlreichen Werken, wirkte während des nur einen Nachmittag dauernden Gespräches als Bilderstürmer, denn er führte mich in die spirituelle Gemeinschaft des Tantra und des Ch'an ein.

Ihre Essenz verstand ich später, als ich von Kalu Rinpoche die tibetische Praxis des *Mahamudra* erhielt. Schließlich empfing ich die vollständige Darlegung und Praxis von meiner Meisterin, der Kaschmir-Yogini Lalita Devi, welche die beiden Schulen *Pratyabhijna* und *Spanda* miteinander vereinte. Dann kehrte der Fluss wieder an seine Quelle zurück, als ich die Übertragung der Zhao Zhou-Linie durch den chinesischen Großmeister des Chan Jing Hui erhielt. Jing Hui ist der Dharma-Nachfolger als größten chinesischen Ch'an-Meisters des zwanzigsten Jahrhunderts – Xu Yun. Um das Ganze zu besiegeln, entdeckte ich, dass die Meisterin Yüant'chao, eine zeitgenössische chinesische Eremitin, versichert: „Das Tantra ist die Krönung des Zen." T'an-lin, ein Schüler des Bodhidharma, macht in seiner „Kurzgefassten Diskussion der vier Zugangs-Übungen für den Weg" eine indirekte Enthüllung, welche die Versicherung von Chien Ming Chen zu bestätigen scheint, derzufolge der erste Patriarch des Ch'an auch ein Tantra-Meister war. „Bodhidharma", schreibt T'an-lin „hatte die buddhistischen und nicht-buddhistischen Lehren erläutert." Welche dem Ch'an nähere Lehre als das Tantra hätte er erläutern können? Zudem habe ich erst kürzlich herausgefunden, dass der große chinesische laizistische Ch'an-Meister unserer Zeit, Nan Huai-chin, mehrere Jahre bei einem Tantra-Meister verbracht hatte, von dem er die Übertragung erhielt.

Wie man in dieser Darlegung des *Mahachinachara*, das bisher geheim geblieben ist, sehen wird, teilen Tantra und Ch'an das Wesentliche – die Erkenntnis der zutiefst freien und reinen Natur jedes Menschen sowie die Ablehnung von all dem, was potenziell zu dieser grundlegenden Wahrheit hinzugefügt wird, um sie zu einem progressiven Weg zu machen.

Ich denke, da besteht ein Missbrauch, eine schwerwiegende Verschuldung von geistigen Lehrern, die mit mehr oder weniger großem Geschick eine innere Gewissheit willkürlich in verschiedene Entwicklungsstufen einteilen, um sie zu einer Offenbarung zu machen, die nur schrittweise erfolgt. Hier geht es um eine Macht- und Geldquelle.

Welcher Unterschied besteht zwischen einem geistigen Missbrauch und dem, welchem wir im täglichen Leben zum Opfer fallen, könnte man entgegnen. In beiden Fällen wird alles gemacht, um Abhängigkeiten zu schaffen, um zu kontrollieren und zu verkaufen. Der einzige Unterschied ist, dass wir von einem Beamten, der uns das Leben schwer macht, nichts anderes erwarten, während wir auf die spirituellen Meister einen Traum von Perfektion projizieren, der am Ende die wahrhaftigsten Menschen erstickt. Da die Schüler ihre Meister in der Falle der Bewunderung ohne Grenzen gefangen halten, verstecken diese sich hinter der Institution der „heiligen Verrücktheit", die den Meistern das Recht auf echte Verrücktheit zugesteht und ihnen die Gemeinschaft der Schüler als Zwangsjacke anbietet. Sie werden zu Alkoholikern, Pädophilen, gewalttätig, verfallen der Mythomanie, dem Delirium oder versinken in Melancholie, weil sie auch nicht einen zum absoluten Bewusstsein haben erwecken können, bis sie sich fragen, ob sie wirklich kapiert haben, um was es eigentlich ging.

Natürlich bleiben diese Ausschweifungen oft geheim und sind nur einem kleinen Kreis von Vertrauten bekannt, bis der Skandal platzt, der die Medien zufriedenstellen wird. Und selbst danach rechtfertigen die Schüler die Verirrungen der Meister noch oder tun so, als wüssten sie von nichts. Aber beruhigen Sie sich, die Zensoren leben im gleichen Universum der totalen Korruption. Alles ist in dieser Welt des Wiederverwertbaren zu etwas gut. Die Sekten, die verrückten Meister, die Skandale, an denen wir uns weiden, kommen genau richtig, um ein allgemeines und tieferes Unbehagen zu verbergen. Während man noch mit der Hexenjagd beschäftigt ist, verbirgt sich hinter der oberflächlichen Schicht die tiefer liegende. Ist das mutlos machend oder übertrieben? Schließlich destillieren doch ein paar einigermaßen anständige Mönchlein eine langweilige, formalistisch-sexistische, traditionelle, halbwegs kreative Lehre aus dem, was an Überbleibseln der großen mystischen Ströme zum Gebrauch für unsere Zeitgenossen neu formatiert worden ist. Die Mönchlein wirken wie Prozac und helfen ihren Jüngern, nicht aus dem

Fenster zu springen, sondern sich in der süßen Illusion zu wiegen, einem authentischen spirituellen Weg zu folgen. Aber wer tut das heute nicht? Mein Banker ist Gurdjieff-Anhänger und tanzt von einem Büro zum anderen; meine buddhistische Postbeamtin macht Geldüberweisungen und entflieht dabei ins *Reine Land;* mein Buchhändler macht seinen absterbenden Katholizismus in den Tiefen des orthodoxen Glaubens wieder lebendig und lächelt bei der Vorstellung, dass die russischen Parlamentarier vor einigen Jahren die katholische Kirche als Sekte eingestuft haben und ihr Präsident nach der Intervention von Clinton und dem Papst diese Aussage öffentlich widerrufen musste. Die Hedonisten sind Tantriker, die Exakten Zen-Buddhisten im schwarzen Gewand, die Intellektuellen Shivaiten, die Randfiguren setzen auf Schamanismus und bewusstseinserweiternde Pilze, die Strengen sind Sufis, die Scheuen entdecken Heraklit und Empedokles wieder. Was die von TV-Dummheiten vollgestopften Übrigen betrifft, so denken die, wenn ihr Nachbar keinen Fernseher hat, aber Bio-Zeug frisst oder Yoga macht, dann gehört er zwangsläufig einer Sekte an. Nur James Bond kann uns aus den Klauen dieser Dämonen befreien. Wenn uns das Fernsehen nicht das Hirn wäscht, dann brauchen wir eben machthungrigen Ersatz, der die Arbeit leistet.

Aber wer spricht über die große Reinigung, über das, was jenseits von Abhängigkeit, Verwirrung und Furcht passiert, dann, wenn man auf niemanden anderen als sich selbst zählt? Ein Reich auf solchen Ideen aufzubauen, ist natürlich unmöglich. Einige Menschen sprechen darüber, aber sie sind schwer zu finden, und ihnen zu folgen ist hart, denn sie versprechen nichts und bieten keinen Therapie-Ersatz. Sie bestehen weder darauf, dass man kommt, um ihnen zuzuhören, noch vermitteln sie Greifbares, noch ersticken sie unsere eigene angeborene Freiheit, noch lösen sie Probleme an unserer Stelle. Man will die Gesellschaft für eine idyllische Welt verlassen: Doch sie setzen uns wieder in die Metro. Man will sich unterwerfen: Sie jagen uns davon. Man erwartet eine romantische Lebensvision: Doch sie sprechen von nichts als von der banalsten Realität. Man will den Zugang zu Geheimritualen: Doch sie sagen uns, wir sollen unseren Atem überprüfen, unsere Bewegungen, unsere Verwirrung. Man sucht die höchsten Lehren: Doch sie sprechen vom Alltagsleben. Sie sind im Fluss, offen, einfach und direkt, niemals da, wo man sie erwartet. Manche sind mir durch Jahrhunderte und Jahrtausende hindurch so nahe, dass ich höre, wie ihre Stimme erschallt, wie sie einen Hieb austeilen, wo es sein muss, wie sie den mittelmäßigen Traum von unseren spirituellen Idealen einfach durch die Liebe zur Wahrheit zerstören – keine Wahrheit, die sich gegen eine andere richtet, sondern eine Wahrheit, die die Gesamtheit umfasst.

Wir befinden uns in einer Epoche, wo der Geschäftsgeist vorherrscht. Die Kleinmeister bilden kleine Gruppen, wo Anerkennung und Lob sich im geschlossenen Kreis drehen. Diesen „Familien" geht es gut, aber Ihnen nicht. Die Geschäfte laufen gut. Die Erleuchteten-Lobbies schinden Eindruck und halten Vortrag auf Vortrag und Workshop auf Workshop. Alle schweigen, denn man hegt die Vermutung, dass es nichts Gewalttätigeres als die Erwachten gibt, wenn man an ihr geheiligtes Business rührt.

Ich ergreife für die Suchenden Partei und zweifele an denen, die gefunden haben, denn sie sind tot. Nichts ist lebendiger als die Suche, nichts ist schöner, vorausgesetzt man hört mit der Suche außerhalb des Selbst auf. Wie sagt man bei der Mafia vor der Hinrichtung: „Nicht persönlich gemeint."

Dem Sucher, der seiner völligen Einsamkeit zu begegnen bereit ist, um festzustellen, dass er nichts von den anderen erwarten kann – auch wenn sie geprüfte und beglaubigte Erleuchtete sind – dem schenke ich diesen ikonoklastischen Blumenstrauß. Dort blühen die schönsten Tantra- und Ch'an-Blumen durch die Texte der wirklich Befreiten, um uns einfach zu zeigen, dass wir sind, was wir suchen, und dass ein direkter Weg erlaubt, zu sich selbst zurückzukehren. Ich tue das und bezeuge nur meine eigene Freiheit, wenn ich Sie ermutige, alle Meister in Frage zu stellen, denen es an Humor mangelt, die an den Fähigkeiten der Frauen zweifeln, die in der Mikro-Welle aufgewärmte traditionelle Mahlzeiten servieren, die Träger von tröpfchenweise verabreichten Geheimnissen sind, die Ihnen Gehorsam empfehlen, die Ihre Probleme lösen und Zauberrezepte für das Erwachen besitzen, die Ihnen den Zugang zu okkulten Mächten oder das Bewusstsein verändernden Zuständen verschaffen können und Sie mit armen toten Geistern reden lassen, Sie vom Dogma, dem Gesetz und der Tradition befreien, Sie glauben machen, dass Sie ein Unter- oder ein Übermensch sind. Kehren Sie zur Wirklichkeit zurück!

Schenken Sie das Buch Ihrem Guru, denen, die einem geistigen Weg folgen und denen, die glauben, Sie seien in einer Sekte. Das Schweigen, die Aufgeregtheit oder die Anstößigkeit müssten Ihnen zeigen, dass Sie auf gutem Wege sind. Um dieses Vorwort zu beenden, möchte ich Buddha zitieren: „Zweifelt an allem, vor allem an dem, was ich euch sage."

Daniel Odier

1

WO MAN UM DEN HEISSEN BREI HERUMGEHT

Existiert das Erwachen?

Potenziell sind Sie es selbst.

In welchem Namen sprechen Sie?

Im Namen Ihres Körpers, der der kosmische Körper, der Körper der Wahrheit ist.

Wer also spricht?

Der unbegrenzte Raum, die in diesem Augenblick in Ihnen gegenwärtige Ganzheit.

Haben Sie das erfahren?

Es ist spontan aufgetreten, und ich habe es erkannt. Es ist jenseits der Erfahrung. Der unbegrenzte Raum ist ein wesentlicher Bestandteil Ihres Körpers.

Sind Sie ein Meister?

Falls es einen Meister gibt, macht das zwei, sobald ein Schüler sich zeigt; und dann fängt es schon an, sehr schlecht zu laufen. Ich bin ein Praktizierender.

Lehren Sie?

Kehren Sie Ihre Suche um. Suchen Sie nicht mehr im Äußeren, und Sie werden sehen, dass Sie sind, was Sie suchen. Ich habe nichts Besonderes zu lehren, es sei denn, die Rückkehr zu eben dieser Quelle Ihres innersten Seins. Ich bin nur dazu da, um Sie zu diesem vollkommenen Selbstvertrauen zu ermutigen.

Es gibt aber Menschen, die kommen, um Ihnen zuzuhören. Was machen Sie?

Ich lasse den natürlichen Zustand fließen, bis jeder erkennt, dass er auch in ihm und überall sonst fließt. Zu sagen, es gäbe eine Lehre, ist eine grobe Sicht; vorzugeben, es gäbe keine, heißt, das Universum zu leugnen. Sogar der Stein ist dazu da, um Sie zu Ihrer von Anbeginn an freien und unbegrenzten Natur zu führen.

Wie soll man sich zwischen den beiden Extremen hin- und herbewegen, ohne zu behaupten, es gäbe eine oder es gäbe keine Lehre?

Die Stimme spricht, der Blick geht direkt ins Herz, der Geist dringt ein, der Körper überträgt das subtile Erschauern durch seine Gegenwart und durch die Berührung.

Einer meiner Meister sagte: Du bist nicht der Körper.

Sie sind der Körper, aber er ist nicht Sie, er ist die Ganzheit. Sich des Körpers gewahr zu werden, heißt, sich der Ganzheit gewahr zu werden. Das ist das Herz von Mahachinachara, der Große Chinesische Weg.

Ist der Körper nicht ohne Bestand?

Er ist von Bestand. Beim Tod wechselt er die Beschaffenheit, das ist alles. Er wird zum Humus der Wirklichkeit.

Aber alles ist illusorisch…?

Alles ist wirklich! Wenn Sie die Welt als illusorisch ansehen, fehlt Ihnen ein Körper. Wer kann ohne Körper über Wirklichkeit oder Illusion diskutieren?

Aber das Bewusstsein?

Das Bewusstsein ist beständig.

Das widerspricht den Lehren des Buddhismus.

Das „weder Geburt noch Tod" widerspricht den Lehren des Buddhismus?

Nein...

Na sehen Sie.

Aber nun, was ist dann unbeständig?

Die Nicht-Intelligenz der Welt. Eines Tages wird Sie der große Blitz des Verstehens treffen. Er lässt nichts als Raum und Stille, Fluss und Freude.

Wer, Sie ausgenommen, hat das vollkommene Verstehen?

Niemand ist ausgenommen, jeder hat das vollkommene Verstehen, aber es ist unbewusst. Jeder Mensch trägt in sich ein unwandelbares Juwel, aber, von Unsicherheit gepackt, sucht er außen und verscherbelt seinen Rubin des Herzens gegen eine falsche Perlenkette. Dieses eingeborene Wissen verheimlichen die Kleinmeister, denn mit Nippes-Handel verdienen sie ihr Geld.

Und die großen Meister?

Einfach, leicht, direkt, entspannt, ungekünstelt, ohne Techniken, authentisch – sie halten sich für nichts Besonderes. Sie geben das Wissen all den Menschen zurück, denen es die Machthungrigen weggenommen haben. Sie bemächtigen sich der Dualität, führen sie zur Einheit zurück und lassen das alles so weit hinter sich, bis man die Unterschiede in der Gesamtheit vergisst.

Die „Weisen" vermehren sich, immer mehr Leute geben Satsang und andere Initiationsformen, erteilen Segnungen und haben einen beträchtlichen Publikumsandrang...

Das sollte jeder tun, dann gäbe es keine Meister mehr, und die Welt wäre besser dran.

Satsang beim Bäcker?

Wunderbar. Satsang bei jedem, der etwas kann.

Nachdem ich der Unterweisung eines Advaita-Meisters gefolgt war, bin ich heute Buddhist.

Sie können doch nicht die Wandelbarkeit und das Nicht-Selbst abstreiten?

Ich kann das, aber Sie können weder das eine noch das andere beweisen.

Warum?

Einerseits gehen Sie nach dem Hören-Sagen vor, und andererseits, wer wäre eigentlich da, um das Nicht-Selbst zu beweisen?

Aber wer sind Sie, dass Sie sich trauen, die Lehre des Buddha zu bestreiten?

Wer war Buddha, dass er sich getraut hat, die Lehren seiner Vorgänger zu bestreiten?

Sie können sich doch nicht auf die gleiche Stufe mit dem Buddha stellen!

Buddha, das sind Sie, das bin ich, das ist die tiefe Natur unseres eigenen Geistes. Wenn Sie sich nicht trauen, die Meister wieder in Frage zu stellen, wo finden Sie die Freiheit?

Die Lehre des Buddha formt ein zusammenhängendes Ganzes, an das man glauben kann…

Wenn Sie die Lehren des Buddha zutiefst verstehen, werden Sie auch verstehen, dass er nie irgendetwas bestritten oder behauptet hat. Er hat tatsächlich nie etwas gesagt.

Der Buddha war ein vollkommenes Wesen, können Sie das genauso von sich behaupten?

Der Buddha war nicht vollkommen. Die Vollkommenheit ist eine Jüngerphantasie. Der Buddha war ein Mann.

Können Sie einen einzigen seiner Fehler nennen?

Er war sexistisch. Da er sich weigerte, die Frauen bei der Sangha zuzulassen, mussten seine Mutter und seine Frau, nachdem sie sich den Schädel rasiert hatten, einen Gewaltmarsch von mehreren hundert Kilometern anführen, gefolgt von einer großen Anzahl Frauen. Sie kamen mit blutigen Füßen an, und der Buddha musste sich entschließen, sie in der Gemeinde aufzunehmen. Der Sexismus existiert immer noch. Zahlreiche Mönche haben in der Vergangenheit behauptet, dass die Frauen nicht zur Erleuchtung gelangen könnten. Nonnen müssen dreihundertdreißig Gelübde ablegen, Mönche hingegen nur zweihundertfünfzig. Selbst die außergewöhnlichsten Nonnen sind immer noch den Mönchen untergeordnet, sogar den begriffsstutzigsten. Glücklicherweise ändert sich das allmählich. Doch ist der Sexismus nicht nur dem Buddhismus eigen, man findet ihn in allen religiösen Ausrichtungen. Überall sehe ich nichts als die große Vergewaltigung der Frauen. Man untersagt ihnen den Zugang zum Heiligsten, man isoliert sie, man verschleiert sie, man beschneidet sie. Bittet man nicht in vielen spirituellen Zentren die Frauen direkt oder indirekt, ihre Weiblichkeit zu verbergen?

Sie werden abgesondert aus Angst, sie könnten die Männer verunreinigen.

Sie erscheinen mit straff zurückgekämmten Haaren, mit verschleierten Körpern und stumm. Nicht-existierend hat man sie am liebsten. Man könnte glauben, die Männer seien außerhalb ihres Körpers geboren.

Im Tantrismus nimmt die Frau einen königlichen Platz ein. Man betrachtet ihre Gegenwart, ihren Mut, ihre Sensibilität, Kraft und Unterweisungen als wesentlich. Ein Mann, der neben einer Frau meditiert, öffnet sich dieser weiten, sphärischen Sensibilität viel schneller, die ohne die Nähe der Frau für immer ein Rätsel bliebe. Was meine Fehler betrifft: Mich interessiert Spontaneität mehr als Perfektion. Jeder trägt seine persönlichen Charakterzüge mit sich, die Mängel und Qualitäten an den Tag bringen. Das interessiert mich nicht.

Ich finde, Sie übertreiben. Man könnte auch sagen, dass die Epoche sexistisch war und der Buddha durch die Zulassung der Frauen zur Sangha zur Weiterentwicklung beigetragen hat.

Man kann die Dinge so sehen. Aber hätten die Frauen nicht protestiert, wären sie nicht bei der Sangha dabei. Danach hat der Buddhismus des *Großen Fahrzeugs* (Mahayana) diese Situation entscheidend gebessert. Viele Meister haben dennoch öffentlich behauptet, die Frau könne die Erleuchtung wegen ihrer „Unreinheit" nicht erlangen. Aber das Lotos-Sutra bringt mit der wunderbaren Geschichte der Prinzessin der Nagas eine Neuerung. Mit acht Jahren erwacht und mit sechzehn Jahren in der vollkommenen Weisheit angesiedelt, hat sie den Bodhisattva Shariputra in folgender Weise zurechtgewiesen. Sie schenkte dem Buddha „Die Perle des Schwarzen Drachens", das Juwel ihres Herzens. Dieser nahm es an und hatte damit das vollkommene Erwachen der Prinzessin anerkannt.

Mein Meister sagte: „Nicht dies, nicht das." Und was sagen Sie?

Ich sage ja.

Zu was?

Zu allem.

Sie widersprechen sich.

Eine Lehre ohne Widersprüche ist die schlimmste aller Fallen, denn sie schafft mentale Anhaftung, Abkapselung und Fanatismus.

Krishnamurti zum Beispiel, den ich sehr schätze, sagt Nein.

Mein Ja schließt das Nein ein. Pai-chang hatte genau verstanden, dass er sich um die Nachkommen des Herzenssiegels gebracht hätte, wäre er zu streng dem negativen Weg gefolgt.

Also ist keine Diskussion mehr möglich.

Die *Blume*, die ich hoch halte, verweist auf die Absurdität jeglicher Antwort, falls sie für die Wahrheit gehalten wird.

Ich käme gerne auf meine Frage nach den Meistern zurück. Sie sprechen oft bewegt und voller Ehrerbietung von Ihren Meistern Kalu Rinpoche und Lalita Devi. Sie geben also zu, dass es Meister gibt. Deshalb meine Frage: Sind Sie ein Meister?

Nein.

Ich verstehe nichts mehr.

Nun, ich bin ein Meister. Alles hängt allein von Ihrer Sichtweise ab. Ein Meister liefert Ihnen kein Material zur Selbstbestätigung. Er unterbricht Ihr Denken in Systemen durch die Abwesenheit von Systemen. Die Tantra-Meister müssen nichts beweisen, aus diesem Grund haben sie in früheren Zeiten philosophische Streitgespräche gewonnen. Die Ch'an-Meister müssen nichts beweisen. Die Sahajîya müssen nichts beweisen. Die Mahachinachara-Meister müssen nichts beweisen. Die Verfechter von Theorien versinken im eigenen Treibsand.

Gehören Sie nicht selbst zu den Verwirrungsstiftern, die Sie geißeln?

Ich geißele niemanden. Ich empöre mich im Namen der Identität des Menschen und des Absoluten, des Menschen und des Bewusstseins, des Menschen und des tiefen Friedens, aber nicht im Namen von Trennung oder Unterschied. Ich bin also nicht mehr wert als irgendein anderer, ich bin aus demselben Stoff wie alle anderen. Ich bilde mir nichts weiter ein, als wieder zu einem menschlichen Wesen geworden zu sein, das natürlich funktioniert und nicht den Geist mit unlösbaren Fragen belastet.

Die Weisen empören sich nicht.

Im Gegenteil. Ich kenne keinen, der das nicht andauernd täte. Warum verlassen sie ihre friedlichen Wälder, ihre Einsiedeleien, wenn nicht aus Liebe zu allen Menschen, deren einzigartige Essenz sie erkennen?

Aber weshalb sind sie empört?

Wegen dieser Pseudo-Meister im Tiefschlaf, die genießen, dass sie ein bisschen Berühmtheit erlangt haben, indem sie die Menschheit verblöden. Die, das stimmt, sind nicht empört. Sie haben zu viel Angst. Das Natürliche ist ihnen seit langem abhanden gekommen. Sie urteilen nicht, sagen sie. Es soll ihnen aber einmal einer das Nichts unter die Nase reiben, und Sie werden sehen, wie sich ihr Schreck in Missbilligung verwandelt. Wenn ein Meister eine Tanne sieht, hat er keine Angst zu sagen, es sei eine Tanne. Für ihn ist das eine direkte Erfahrung.

Urteile abzugeben, schafft auch Verwirrung.

Wenn Sie etwas denken, sagen Sie es. Wenn Sie nicht denken, ist Schweigen angemessen. Hören Sie auf, es sich zu verkneifen, menschlich zu sein, das heißt, überragend oder mittelmäßig, je nach Gelegenheit. Nichts stumpft mehr ab, als diese große, künstliche Stille, die Furcht, Zweifel und Auflehnung auszudrücken.

Mir ist es trotzdem gelungen, Sie zur Aussage zu bringen, Sie seien ein Meister.

Wenn jemand die Existenz der Meister abstreitet, verteidige ich sie, wenn jemand auf deren Existenz besteht, lehne ich mich dagegen auf. Diese ganze absurde Geschichte lässt sich in einem Punkt zusammenfassen: Zwei Menschen begegnen einander im schönsten aller menschlichen Abenteuer. Das ist die Schönheit, der Nicht-Unterschied. Wenn der Meister nichts von seinen Schülern lernt, gibt es kein Gegenüber. Der große Spiegel des Herzens, in dem jeder in jeder Sekunde seine absolute Freiheit, seine vollkommene und unwandelbare Essenz entdeckt, wird so nicht aufgeklappt.

Was soll man bei der Suche tun?

Alle Bejahung und Verneinung im Raum schweben lassen, denn sie haben überhaupt keinen Sinn. Zwischen dem Ja und dem Nein gibt es den ganzen Raum Ihres Körpers, der bereits jetzt das vollkommene Verstehen, das Unendliche, die Ganzheit ist. Vertrauen Sie ihm, und Sie werden entdecken, dass es einzig das organische Leben gibt. Der Rest ist nur religiöse und sektiererische Propaganda, die allein dazu dient, die Menschen abzustumpfen und zu beherrschen.

Ist das organische Leben die Lehre von Tantra und dem Ch'an des Mahachinachara?

Ja, aber all das ist unter dem süßlichen hedonistischen Lack und der sexuellen Abstumpfung des Tantrismus und der fanatisch betriebenen Sitzhaltung des Zen verborgen. Ma-tsu hat in jungen Jahren gerne meditiert. Eines Tages sah ihn sein Meister Huai-rang unter einem Baum sitzen und fragte, was er täte. „Ich meditiere, um ein Buddha zu werden", sagte Mat-su. Huai-rang ging in seine Hütte und begann eifrig, einen Ziegel mit einem Holzstück zu polieren. Als Mat-su sich von seiner Meditation erhob, ging er an Huai-rangs Hütte vorbei. „Was macht Ihr, Meister?", fragte er. „Ich poliere diesen Ziegel, um daraus einen Spiegel zu machen", antwortete Huai-rang. „Man kann keinen Ziegel in einen Spiegel verwandeln", sagte Mat-su. „Man kann durch Meditation kein Buddha werden", entgegnete sein Meister.

Wenn Mahachinachara ein geheimer Weg ist, warum bringen Sie ihn unter die Leute?

Um der geistigen Manipulation ein Ende zu setzen. Das Geheimnis liegt weder in einem Text noch in einer Lehre, die man nicht aufdecken sollte, sondern in der Integration des Zustandes, von dem die Lehre spricht. Selbst wenn es verbreitet wird, bleibt Mahachinachara geheim. Seine extreme Einfachheit bewahrt diesen Weg vor allem Missbrauch.

Und warum wird dieser so einfache Weg zurück zum Körper nicht gelehrt?

Weil er die Macht verunmöglicht.

Hat auch nur ein Ch'an-Meister davon gesprochen?

Nan-ch'üan, ein herausragender Schüler von Mat-su, antwortete auf folgende Frage: „Gibt es eine Wahrheit, welche die früheren Meister den Menschen nicht predigen konnten?"

„Es ist nicht der Geist, es ist nicht der Buddha, es ist kein Objekt."

Eine rätselhafte und knappe Antwort. Mat-su selbst sagt konsequent und klar, was den Menschen nicht gepredigt wurde. Er nähert sich dem Höchsten wie ein Tiger und behält kein Geheimnis für sich:

„Warum sagt Ihr, das Herz sei der Buddha?", fragt ein Schüler

„Um die Kindertränen zu beenden", antwortet Mat-su.

„Und falls sie beendet werden, was sagt Ihr dann?"

„Weder das Herz noch der Buddha."

„Falls einer zu euch kommt und preist weder das eine noch das andere, was sagt Ihr dann?"

„Ich werde ihm sagen, es sei kein Objekt."

„Und falls Ihr einem Menschen begegnet, der zu diesem Verständnis gelangt?"

„Ich werde ihn lehren, wie er den großen Weg durch den Körper hindurch verwirklicht!"

Das ist direkt und großartig. Endlich sagt einer, was dieser tiefe, unmittelbare, Große Chinesische Weg ist.

2

MAHACHINACHARA – DER GROSSE CHINESISCHE WEG

Mehrere Tantras beschreiben oder erwähnen Mahachinachara und erzählen die außergewöhnliche Geschichte dieses *absoluten Weges* des tantrischen Kaula-Systems oder der *Absoluten Wirklichkeit*. Sie bildet einen chinesischen Beitrag zu dem Tantrismus aus Kaschmir und Assam, die gemeinsame Linien und Wurzeln haben. Ursprünglich bestand ein sehr starker Einfluss des Tantrismus auf den Ch'an-Buddhismus; später dann, nachdem das Ch'an sich entwickelt hatte und den überaus chinesischen Begriff der Wirklichkeit der Welt integriert hatte, beeinflusste die Lehre des Mahachinachara den Tantrismus wiederum sehr stark. Dieser Weg, der sich wohl ab dem 8. und 9. Jahrhundert in Assam und Kaschmir ausgebreitet hat, stimmte auf das Wunderbarste mit den kaschmirischen Schulen des *Pratyabhijñâ* (die spontane Erkenntnis des Selbst) und mit der Schule des *Spanda* (der Weg des Erschauerns) überein. *Pratyabhijñâ* wurde durch Somananda und Uptalaveda bekannt gemacht und an Abhinavagupta zwischen dem 8. und 10. Jahrhundert weitergegeben; die Schule des *Spanda* wurde im 8. Jahrhundert von den Meistern Vasugupta und Kallata eingeführt. Der große Ksemarâja sollte später diese beiden Richtungen vereinen.

Ursprünglich kam die Kaula-Schule aus Kâmarupa in Assam und hat sich dann auch in Kaschmir weiterentwickelt. Diese beiden Königreiche an den zwei äußersten Enden des Himalayas sind heute noch die führenden Orte des Tantrismus. Einer der bedeutendsten Texte des Kaula ist das *Rudrayamala-Tantra*, dessen älteste Version anscheinend verloren gegangen ist, aber dessen Substanz in einer gleichnamigen späteren Fassung weiter fortbesteht. Das Viijñañabhairava-Tantra, einer der ältesten Texte, der sämtliche tantrischen Yoga-Praktiken ohne spezifische Körperhaltungen enthält, wird in der Einleitung zu diesem Text als die Essenz des *Rudrayamala-Tantra* vorgestellt.

Eines der Charakteristika dieses Textes ist es, dass es ein *Nigama* bildet, also ein Tantra, mit dem die Shakti den sie befragenden Shiva unterweist. Nicht zufällig wird der geheime Weg des Mahachinachara von der Shakti offenbart, die der Darlegung geheimer Lehren wohler gesonnen ist. Dieses umfangreiche Tantra lehrt in vierundsechzig Kapiteln die ganze Kaula-Schule, die in der Praxis des Chinesischen Weges gipfelt. Die Shakti zeigt genau, dass dieser Weg der Weg der Macht der Göttin ist und verbindet den Ort Kamarupa – ein tantrisches Zentrum (*Pitha*) in Assam, wo die Yoni der Göttin vom Himmel gefallen ist – mit dem Wurzel-Chakra oder *Muladhara*. So führt sie die geheiligten Orte in den eigenen Körper des Schülers zurück und befreit ihn gleich zu Anfang vom Zwang, sich anderswo als in sich selbst hineinzubegeben.

Nach manchen Details über die Chakras und Atemübungen erzählt die Shakti die wunderbare Entdeckung des Mahachinachara durch den Weisen Vashishta, der nach einer tausend Jahre dauernden Askese, während der er sich in allen strengen Disziplinen geübt hatte, immer noch nicht zur Erleuchtung gekommen war. Vashishta hatte dann im Traum eine Vision. Eine Göttin erschien ihm, um ihm zu sagen, er möge die tiefsten Lehren suchen und an den Ufern des Brahmaputra bis hinauf zu den Schluchten des Yünnan in China hinaufsteigen. Vashishta verließ also Assam für diesen von der Göttin offenbarten mythischen Ort. Nach einer anstrengenden Reise kam er endlich in Yünnan an, und dort entdeckte er ein verborgenes Königreich, in dem nur erwachte Wesen lebten, unter denen er den Buddha traf. Seit Beginn seiner Ankunft überraschte es ihn zu sehen, dass die Erwachten in der größten Spontaneität lebten und allein darin die Praxis dieser vollendeten Wesen zu bestehen schien. Kein anderer Tempel als nur der Körper! Die Erwachten verbrachten ihre Zeit in der Gegenwart, mit der Vereinigung der Körper und mit dem Genuss der vielfältigsten Vergnügungen. Kein Verbot, keine Einschränkung. Vashishta, der so viele Prüfungen überstanden hatte, ohne zur Erleuchtung zu gelangen, bat den Buddha, ihm diese Geheimlehre zu überliefern.

„Vashishta, höre zu. Ich werde dir die höchste Lehre des Kaula überliefern, die den Hörenden sofort in eine Gottheit verwandelt. Dieser Weg befindet sich jenseits der äußeren Handlungen, die aus Reinigungen, Ritualen, Waschungen, Opfergaben, Meditationen, Mantras, der Verehrung einer äußeren Gottheit, aus Vorschriften, Verhaltensmassregeln oder Stufen bestehen, die es zu überschreiten gilt. Das ist die Darlegung des Großen Chinesischen Weges, in dem keine Form, keine Trennung Bestand hat, kein Weg zu durchlaufen und keine Frucht zu erreichen ist, die nicht in einem selber läge. Dieser Weg besteht in der unmittelbaren Erkenntnis deiner eigenen absoluten Essenz. Es gibt keine rituelle Beschränkung, keine äußere Praxis, nur diese einfache Erkenntnis, die von Augenblick zu Augenblick von der Nicht-Unterscheidung geprägt wird. Tag und Nacht, Mondumlaufzeiten, günstige und unheilvolle Tage, all das muss man vergessen.

Um den Ort, den du gerade entdeckt hast, zu erreichen, benötigst du keine Anhäufung von Karma, keine Reinigung, keine fleißigen Mantra-Meditationen. Alles gipfelt in der Erkenntnis deines eigenen unbefleckten Geistes, und die Taten, die den Fall verursachen, wie Wein- oder Fleischkonsum sowie die sexuelle Vereinigung mit einer eingeweihten Shakti, sind hier der auserwählte Zeitvertreib von befreiten Menschen. Dein Körper ist allwissend. Höre auf ihn."

Als er diese Worte vernommen hatte, erwachte Vashishta. Er genoss seine Verwirklichung und verließ den Yünnan, um die Essenz des Kaula-Weges und die Lehren von Mahachinachara nach Assam und Kaschmir zu bringen.

Von den Gegnerschaften zwischen Tantrika und Buddhisten ist man hier weit entfernt, schließlich offenbart der Buddha selbst den Weg der Kaula-Schule, zu der alle zukünftigen großen Meister des Kaschmir und Assam gehören werden, die den Weg des *Pratyabhijñâ* und den

Weg des *Spanda* lehren – wo die Erkenntnis der eigenen unbefleckten Essenz mit dem Erschauern (*Spanda*) übereinstimmt.

Das *Kaula* beharrt vor allem auf der absoluten Freiheit des Bewusstseins, das *Pratyabhijña* auf seiner unmittelbaren Erkenntnis und das *Spanda* auf der fortwährenden Vibration, dem Erschauern, das dieses Gewahrwerden auslöst. Der gegenseitige Einfluss dieser Systeme, von denen sich die Meister in gleicher Weise haben inspirieren lassen, denn sie ergänzen sich auf das Wunderbarste, hat zu einer gleichen Formulierung sowohl bei den Tantrika als auch bei den Anhängern des Ch'an geführt, nämlich zur „Schule des Herzens", zur Verbindung von Freiheit und Bewusstsein, die, wenn sie die Ganzheit umfasst, nicht Objekt werden kann. In diesem Sinne sagte Mat-su: „Ich werde ihn lehren, es sei kein Objekt." Für ihn ist das Herz ebenfalls der Ort der höchsten Erkenntnis. „Bodhidharma hat die Erde mit dem Siegel des Herzens der Menschen versehen, aus Angst, dass ihr mit eurem Geist an der umgekehrten Richtung festhaltet und keinen Glauben in die Lehre des einzigen uns allen eingeborenen Herzens habt. Dann beharrt Mat-su auf „dem Fehlen einer Methode", auf der Identität von Herz und Buddha, von Gut und Schlecht, Rein und Unrein, auf der Abwesenheit von Fehlern und auf der universellen Gegenwart dieses absoluten Herzens. Denen, die der Versuchung erliegen, dieses Herz zu idealisieren und dem Boden der Wirklichkeit zu entziehen, sagt er deutlich: „Alle sichtbaren Formen sind Visionen des Herzens. Das Herz existiert nicht aus sich allein, es existiert durch die Formen. Aber jedes Mal, wenn ihr vom

Herzen sprecht, sollt ihr verstehen, dass Phänomene und Absolutes ohne gegenseitige Behinderung bestehen. Was das Herz produziert, wird Form genannt. … Wenn ihr diesen Sinn verstanden habt, könnt ihr den Umständen gemäß handeln, euch kleiden, euch nähren und lange den heiligen Kern bewahren und im Einklang mit dem Ursprünglichen leben. Ich habe euch nichts anderes zu lehren."

Im Zentrum des Ch'an, des Tantra und des Mahachinachara haben wir die Vorstellung, dass es genügt, sein eigenes Herz zu durchdringen, um auf der Stelle befreit zu sein. Diese Wege versöhnen das Absolute und die Wirklichkeit vollkommen. Deshalb hat Mat-su gelehrt, es gäbe keine Spur des Absoluten außerhalb der Wirklichkeit. Alles wird lebendig und schenkt Lebensfreude. Im Spiel inmitten der Wirklichkeit offenbart sich das Absolute. So ist unser eigener Körper unendliche Weite. Er enthält die Ganzheit der Welten. Er ist unbegrenzte Weisheit, tiefer Frieden und unerschöpfliche Freude. Sobald das Mentale sich beruhigt, kommt der Körper zum Vorschein. In ihm, ihrem eigentlichen Zuhause, geben unbegrenzter Raum und innere Freiheit sich gemeinsamen Liebesspielen hin. Ohne Behinderung durch das Mentale würde jedes menschliche Wesen realisieren, dass sein Körper all die göttlichen Herrlichkeiten in sich birgt, die er außen sucht. „Verirrt sein heißt, das ursprüngliche Herz und sein eigenes Zuhause verloren zu haben. Erwacht sein heißt, zu seiner ursprünglichen Natur und seinem eigenen Zuhause erwacht zu sein", schließt Mat-su. Das organische Leben ist der mystische Weg der Versöhnung aller Gegensätzlichkeiten, das ist der Große Chinesische Weg in seiner Einfachheit und Schönheit.

3

DAS HERZ

Wie lässt sich das Herz erfassen?

Die Öffnung des Herzens geschieht, wenn man nicht in die Dualität verwickelt ist. Um dem Hin- und Hergerissensein zwischen den verschiedenen Alternativen ein Ende zu machen, lässt man den Verstand sich hinlegen. Er liebt diese Haltung: Auf dem Rücken, die Beine von sich gestreckt, wie eine Katze, schaut er die Welt anders herum an und schnurrt vor Vergnügen.

Gibt es eine Praxis auf diesem Nicht-Weg?

Die Gegenüberstellung von Praxis und Nicht-Praxis ist eine weitere Kleinmeister-Manie. Wenn einer auf Sie zukommt, dann tut er es, weil er leidet. Ihm zu sagen, es gäbe keinen Weg, bedeutet, ihn zur Verzweiflung zu bringen; ihm zu sagen, es gäbe einen und Sie würden den Weg lehren, bedeutet, ihn seiner Freiheit zu berauben. Was tun? Verstehen, was hinter dem Ja und dem Nein steckt. Sagt man, ein Weg entspräche dem Niveau der Praxis nicht, kommt das dem Reden über das Nicht-Handeln gleich. Im Nicht-Handeln zu sein, was im Zentrum des Großen Chinesischen Weges steht, heißt nicht, nichts zu tun, sondern bedeutet einfach, dass die Handlung erfüllt ist. Wenn sie in einem absoluten Gewahrsein zu ihrem Ende kommt, hinterlässt sie keine Rückstände. Die Nicht-Praxis orientiert sich am Alltagsleben. Man steht auf, man geht, man ernährt sich, man wäscht sich, man lässt seine Sinne alle gewünschten Informationen einholen. Man erlaubt dem Körper, über sein Leben zu entscheiden, ohne ihm fortwährend mit der differenzierenden Tätigkeit des Denkens die Zügel anzulegen. Das Ritual existiert. Jeder Tantra-Meister hat eine Vorliebe für den einen oder anderen Aspekt. Lalita Devi war eine große Kali-Verehrerin. Sie hat also das entsprechende Ritual weitergegeben und es dennoch beim Nicht-Weg verankert. Andere Meister geben das Tara- oder das Mahakala-Ritual weiter. Diese Praxis und die Integration in diese Rituale gehen wie in mehreren Wellen vor sich. Das lehrt auch das den Heldenweg betreffende Mahachinachara. Alles beginnt mit einem einfachen, formellen Ritual, mit körperlichen Gaben, mit der Stimme, dem Körper und dem Geist. Dann geht man zum mentalen und schweigenden Ritual über. Schließlich rührt man an die mentale Praxis, die mit der Praxis, bei welcher der Körper erneut aktiv wird, verbunden ist. Dabei kommt es zur physischen Vereinigung mit dem beziehungsweise der, welche die Gottheit repräsentiert. Das nennt man den Großen Chinesischen Weg, den Endpunkt des Nicht-Weges.

Aber wie kommen wir von einer uns verwirrenden mentalen Hyperaktivität zu der von Ihnen erwähnten Besänftigung, wenn wir diese Rituale benutzen?

Man kann ein von extremer Unruhe erregtes Denken

nicht mit dem Wunsch durchdringen, das Denken zu erkennen. Der Weg geht durch den Körper; denn der Körper hat keinen Plan, keine Frage. Er empfindet keinen Mangel. Er hat weder das Bewusstsein von Dualität noch von Grenzen. Er ist friedlich, offen und völlig wunschlos. Für ihn gibt es nur Erschauern, Öffnung, dauernden Kontakt und die höchste Freude der Nicht-Unterscheidung. Alles, was wir dem hinzufügen, ist mentales Objekt, Leiden oder Einsamkeit. Es würde bedeutet, die Quelle für den Fluss zu verlassen. Der Körper kann direkt und ungehindert erfasst werden. Wenn der Körper wahrgenommen wird, kann der plötzlich besänftigte Geist die Gesamtheit wieder in sich aufnehmen. Vergessen Sie jegliche Kompliziertheit, vergessen Sie jegliche Hoffnung, anders zu werden, und in einem Augenblick werden Sie die Ganzheit sein. Es gibt nichts Tieferes und nichts Weiteres als Ihren Körper. Das ist das höchste Verstehen des Großen Chinesischen Weges, das ist die vollständige Verwirklichung, die es ermöglicht, das makellose Herz zu entdecken, den Geist im Fluss, die vollkommene Übereinstimmung zwischen der Welt und Ihnen selbst. Das Ritual kommt, wenn unsere höchste Natur wieder in dieser Weise integriert ist. Es ist eine Art künstlerischer Freude, ein Ausdruck der Ganzheit, der verhindert, dass das Verstehen zu sehr von der Materie abgehoben ist.

Wäre es so einfach, bräuchten wir kein „geistiges" Leben…

Das geistige Leben ist der missgestaltete Nachkomme eines kranken, isolierten und unbewussten Körpers. Es ist eine riesige Täuschung, die den Menschen dazu bringt, außerhalb von sich selbst zu suchen, was im Innersten seines Leibes immer vorhanden gewesen ist. Das Mentale findet nur Probleme, Trennungen und ungelöste Fragen. Es soll nur den Körper fragen, und das Rätsel löst sich sofort. Der Körper ist in seiner eigentlichen Beschaffenheit so entspannt, dass er ein Jahrhundert bräuchte, um eine Antwort zu formulieren, und diese Antwort würde lauten: „Komm, folge mir nach, du, der du willkürlich von der Gesamtheit getrennt bist."

Das Mentale ist nicht nur schädlich.

Das Mentale strebt einzig die Beruhigung des Körpers durch alle möglichen Projektionen an, die ihm den Zugang verwehren, aber es begreift nicht, dass der Körper bereits beruhigt ist. Wenn sich das Mentale auf seine wunderbaren Funktionen beschränkt, entdeckt es die Ruhe. Neunzig Prozent seiner Zeit werden frei und weit. Es freut sich an der großen Freiheit, lässt sich in den Zellen nieder, erlaubt sich zu leben, erledigt munter seine alltäglichen Aufgaben und zeigt sich äußerst kreativ. Wir behandeln unseren Geist wie ein Sklaventreiber, ohne ihm das Recht auf Rast zuzugestehen, auf Frieden, auf einen Moment Stille, auf ein Glas frisches Wasser, auf die Vereinigung mit dem Körper, der ihn wieder aufnimmt, sobald wir ihn von den skandalösen Haltebedingungen befreien. Die Menschen von heute haben nicht mehr die Kraft zu denken. Ihr Geist ist ein unaufhörlich rudernder Galeerensträfling, der sich auspeitschen lässt und erschöpft in einem geschundenen Körper stirbt, seiner makellosen Essenz nicht bewusst.

Sie sprechen oft davon, Körper, Geist und Emotionen

fließen zu lassen. Jedoch sind die Emotionen sicherlich eine Erscheinung des Mentalen.

Die Emotionen werden vom Mentalen bombardiert, verdreht und zerstört, aber sie kommen nicht vom Mentalen. Nehmen Sie zum Beispiel den Bereich der Ästhetik: Sie hören einen Musiker, Sie sehen ein Gemälde, ein menschliches Wesen oder den Himmel. Ihre Sinne übermitteln Ihrem Körper die Wirkung der Schönheit direkt, und sofort verändert sich die Körperchemie. Milliarden von Zellen beginnen zu vibrieren und zu kommunizieren. Sie werden durchströmt, und während einiger Sekunden sind Sie äußerst lebhaft. Dann tritt das Mentale in Erscheinung, als ob es, nachdem es diese Ekstase beobachtet hat, von Eifersucht gepackt, versuchen wollte, wieder alles an sich zu ziehen. Bisher hatte sich kein Empfinden des Egos gezeigt, also keine Wahrnehmung von Trennung. Doch mit dem Eindringen des Mentalen fühlen Sie sich auf Abstand gehalten. Sie fühlen sich wie zwei – es gibt einen Beobachter und einen Gegenstand, die Zartheit der Empfindungen verschwimmt, es kommt zur Zersplitterung. Ihr Denken stellt Ihnen die Frage: Ist das besser als das letzte Gefühl dieser Art? Ist es lang genug, tief genug, kurz genug, intensiv genug?

Das Mentale drängt Sie dazu, das Gefühl zu entstellen, indem es das Raum-Zeit-Kontinuum einführt. Es weckt den Aspekt in Ihnen, dem es an Liebe, Vertrauen, körperlichen Kontakt und Aufmerksamkeit gefehlt hat. Es bringt sofort ein Katastrophenszenario in Gang und präsentiert Ihnen die Emotion wie ein Objekt, das von dem Wunsch beseelt ist, Sie zu verlassen. Die Angst nistet sich ein, die

Erinnerung gibt Ihnen den bitteren Geschmack der Verlassenheit zurück, und Ihr gesamtes System wird zutiefst gelähmt. Die Emotion ist durch das Leid ersetzt worden. Ganz natürlich schließen Sie daraus, dass es Leiden verursacht, sich den Emotionen hinzugeben. Wir kennen die natürliche Dynamik der Emotionen nicht, denn fast sofort begeben wir uns in einen Prozess, der, je nachdem wie wir uns erinnern, versucht, einen Zustand andauern zu lassen oder ihn abzukürzen. Sobald wir mental eingreifen, gehen wir aus dem Gnadenzustand heraus, wo die Emotionen frei fließen, aufeinander folgen und sich in einem unendlichen Raum entfalten – nämlich in dem unseres Körpers. Nur die Nichtberücksichtigung des organischen Lebens führt uns zum Leiden.

Gäbe es also eine nicht mentale Weise, um die Lehre zu begreifen?

Aber sicher. Mit dem Verstand zuzuhören, dient einzig dazu, unsere Verwirrung zu steigern, und manchmal kann das ein Weg sein. Wenn wir die Schwelle unseres mentalen Verständnisses überschreiten, kann es geschehen, dass das System explodiert und ein wirkliches Verständnis zum Vorschein kommt. Jedes Gespräch über die Nicht-Dualität hat diesen potenziellen Effekt, denn grundsätzlich ist die Nicht-Dualität unverständlich. Sie kann nur vom Körper erfasst werden, denn sie ist das Echo seiner tiefsten Natur. Deshalb ist der Körper der Ort des Verstehens. „Unser Körper ist ein großes Sutra und unser Geist der große König der Sinne", sagt Huai-hai.

Ich selber habe es erst lange, nachdem ich es erlebt habe, gemerkt: Nicht die Worte von Kalu Rinpoche oder

Lalita Devi haben mich geöffnet, sondern die Tatsache, an ihrer Seite gesessen zu haben, sie zu berühren und sie einzuatmen; denn von den Menschen, die das Verstehen berühren, geht ein köstlicher Duft aus. Da ich meinen Körper von dem ihren langsam habe durchtränken lassen, hat das Verstehen nach und nach in meinem Körper Eingang gefunden. Mein Körper hat von der Vereinigung, dem Nicht-Unterschied gekostet, als ich durchlässig wurde. Das ist eine sehr feine Wahrnehmung. Später habe ich bemerkt, dass es den einen wie die andere zum Lachen brachte, wenn ich mich in diesem Zustand befand, wo ich das von ihrem Körper Gesagte aufnahm. „Nun lässt dieser beschränkte Geist sich endlich zum Verstehen hinreißen", schienen sie zu sagen. Wir kommen auf Mat-su zurück. „Es gibt kein Objekt." Könnten wir auf diese Weise zuhören, würde uns unser Körper sofort sagen, ob die Person, der wir zuhören, Verstehen aufweist oder nicht. Nur unser Mentales lässt sich von Kümmerlingen verleiten, die das Führen zu ihrem Beruf gemacht haben. Wenn der Körper eines Meisters keine Lehre verbreitet, kann es sein Geist sicherlich nicht. Ein nichtssagender Körper gehört einem Menschen, der seine grundlegende Freiheit nicht erkannt hat.

Sie sprechen schon wieder von Meistern…

Das ist ein praktisches Wort, ohne das man zu zweifelhaften Ausflüchten greifen muss: „Freund des Guten" ist geschwollen, „geistiger Freund" wäre vielleicht das richtige Wort, aber es geht einem schwer über die Lippen.

Nachdem das Wort Meister die Abendländer schockiert – ihr überdimensionales Ego verweigert diese Vorstellung, auch wenn sie andererseits ohne Ausnahme sich durch Zwänge bestimmen lassen – kann man diese Form von Beziehung zwischen zwei Menschen kaum definieren. Es ist nichts anderes als Liebe und Kreativität.

Wir fürchten die Idee, uns jemandem zu unterwerfen.

Solange man die Spontaneität nicht berührt hat, ist das Sozialleben dennoch nichts als ein permanentes Ritual der Unterwerfung.

Viele Meister fordern Disziplin und Unterwerfung, zwei Dinge, gegen die Sie allergisch zu sein scheinen…

Das sind nur neurotische, liebeskranke Kinder, Vampire oder Menschenfresser. Die Unterwerfung hat noch niemanden zur Befreiung geführt. Ich habe aufgeblasene Spitzbuben gesehen, die Dank des Leidens ihrer Sklaven obenauf schwimmen. Man muss auf dem Boden kriechen, um das Wort an sie richten zu dürfen, sich ihren Launen unterwerfen, sich vor ihrem Photo verneigen, mit Ehrerbietung ihr andauerndes Geschwätz anhören und ihre Beleidigungen aushalten. In früheren Zeiten hat, falls ein Meister vor sich hin faselte, sich in seiner nächsten Umgebung einer gefunden, der ihn in seine Hundehütte zurückbrachte und ihm das Maul stopfte. Das nenne ich eine gesunde Beziehung, knapp und ohne Umstände. Ein Meister muss arbeiten; sobald er für seine Schüler diese einfallsreiche Rolle nicht mehr zu erfüllen vermag, stürzen sie ihn in die Versenkung.

Das ist eine ziemlich originelle Sicht.

Nichts üblicher als das, das ist die ganze Geschichte von Ch'an und Tantra. Eines Tages ließ sich Mat-su auf einem Weg nieder, um sich in der Sonne zu trocknen und versperrte einem Schüler, der eine Holzkarre schob, den Weg. Nach einer kurzen Wartezeit fuhr der einfach über die Beine seines Meisters und verletzte ihn grausam. Ein anderer Ch'an-Meister, der aufgrund seines Alters manchmal ins Schwatzen kam, wurde von einem seiner Schüler scharf zurechtgewiesen. Der riet ihm, den Predigtsaal zu verlassen und sich auszuruhen, was der Meister sofort befolgte. Da sei einer noch erstaunt, dass mit derart freien Beziehungen hundertneununddreißig Schüler von Mat-su zur Erleuchtung gekommen sind!

Wenn Sie die Schuhe der Kümmerlinge putzen, die eine Lehre aus zweiter Hand vermitteln, hilft Ihnen das nicht weiter. Hören Sie auf, in Angst zu leben und Ihre Auserwählten zu überschätzen. Treten Sie in eine direkte, auf der Nicht-Unterscheidung basierende Beziehung. Beobachten Sie, sagen Sie, was Sie sehen, fechten Sie an, was Ihnen anfechtbar erscheint. Seien Sie großzügig, helfen Sie den Meistern, sich nicht aufgrund der blinden, ihnen geltenden Verehrung abzukapseln. Warum sieht die Mehrzahl der Kleinmeister wie ausgestopfte, verstaubte Papageien aus, wie kleine von Todkranken umgebene Despoten? Ganz einfach, ihre Schüler haben sie nicht rechtzeitig heimgeschickt. Niemals würde sich ein in der Wahrheit verankerter Mensch über eine Bemerkung, einen regelrechten Angriff oder einen Schlag auf den Kopf ärgern. Wenn man nicht aufpasst, führt das Lehren geradewegs zum Erstickungsanfall, zum Tod. Die Schüler nageln den Meister am Himmel fest, um ihm so schnell wie möglich nachzufolgen. Schließlich tötet jeder jeden in dieser neurotischen Beziehung. Retten Sie die, die Sie lieben, indem Sie Ihnen keine Sekunde Ruhe geben. Helfen Sie den Meistern, in der Blöße zu bleiben. Wecken Sie die Erwachten!

Wie soll man sich vorstellen, einen Führer wecken zu müssen?

Sie würden sich nicht mit einem Bergführer ins Hochgebirge wagen, der über jeden Stein stolpert und zu zittern beginnt, sobald er über einem Abgrund hängt. Die Befreiung ist ein langsamer Aufstieg. Beobachten Sie den Führer und erweisen Sie ihm Ihre Liebe, indem Sie ihm helfen, wachsam zu sein. All die großen menschlichen Abenteuer, in denen zwei Wesen sich dem Erwachen zuwenden, sind Liebesgeschichten, und die Liebe sieht den anderen in seiner tiefen Wahrheit. Wenn die Nachfolgenden dem Anführer nicht auf dem Weg folgen können, ist keine Liebe da. Es ist im Tantra und im Ch'an selbstverständlich, dass ein Meister immer den Schüler aussucht, um ihm die Übertragung zu geben, der die Fähigkeit besitzt, ihn zu übertreffen. Nur aus diesem Grund haben die Linien, die sich manchmal über tausende von Jahren erstrecken, überlebt. Ich meine, das Gegenteil bei den Kleinmeistern beobachtet zu haben, die zittern, sobald ein authentischer Mensch seine Nase in ihre Höhle steckt. Sie vertreiben ihn bald mit der wohlmeinenden Hilfe der Schüler, die am großen Schrecken teilhaben. Versuchen Sie einmal zu spotten oder einen höflichen Zweifel an einem dieser Scharlatane laut werden zu lassen, und Sie werden sehen, mit welcher Geschwindigkeit Sie von der Gruppe verstoßen werden. Die meisten spirituellen Gruppen sind nichts anderes als Vereine von konventionellen Todkranken mit kodierter Sprache. Von einer Mumie angeleitet, werden sie schnell zum sektiererischen Haufen.

Wie wählen Sie die Leute aus, die mit Ihnen arbeiten?

Ich habe Freude daran, meine Zeit mit Leuten zu teilen, die mich etwas lehren und zum Arbeiten bringen können. Das ist eine unaufhörliche Entdeckung, ein großes Spiel, wo die Bilderstürmer und die, die allergisch auf Gruppen reagieren, meine Brüder sind. „Weder Gott noch Meister!"

Also eine totale Gegenseitigkeit?

Aber natürlich, das ist das Zeichen von jeder nicht neurotischen menschlichen Beziehung.

Was kennzeichnet die Ekstase des Herzens?

Die Auflösung des Gedankens in der Wahrheit und die Freiheit des Körpers. Das Aufblühen der von jeglicher Absicht, jeglicher Bindung an ein besonderes Objekt befreiten Liebe. Einer Liebe, die weder nimmt noch verlässt, einer Liebe, welche die Ganzheit umfasst."

4

DER KÖRPER UND DAS HEILIGE

„Siehst du die Dinge?", fragt der Schüler.

„Ich sehe sie", antwortet der Ch'an-Meister.

„Was geschieht danach?"

„Man sieht nur in der Nicht-Dualität", schließt der Lehrer.

So ist die Erfahrung der Sinne von ihrer Essenz her nicht dualistisch. Der Körper kann „den anderen" nicht erkennen, denn er hat keine Vorstellung davon. Viele tantrische Gedichte sprechen von der „Berührung" durch den Meister, der die Unterweisung direkt in den Körper des Schülers hineinlegt. Der Körper erkennt sich nämlich sofort als mit dem des Meisters identisch, sobald er auf nicht-mentale Weise, also mit einem Gewahrsein ohne jede Absicht, vorgeht, selbst wenn die mentale Unterscheidung sich schnell wieder einmischt.

Nur der Körper spricht. Im Ch'an und im Tantra treffen die großen Meister des Mahachinachara aufeinander.

Huang-po fragte Pai-chang:

„Was ist die Lehre der Alten?"

Pai-chang verharrte im Schweigen.

„Wenn das so ist, was überliefert Ihr dann den zukünftigen Generationen?“

„Ich dachte, Ihr wäret ein Meister von großem Kaliber“, entgegnete Pai chang mit beißender Ironie.

Das ist ein Dialog, da spricht ein Körper. Keine nett gemeinte Albernheit. Das ist die Essenz einer von Herz zu Herz gehenden Überlieferung. Pai-chang gehörte zur Gruppe von Mat-su, er war einer von hundertneununddreißig, die zur Erleuchtung kamen. Huang-po war Lin-chis erhabener Meister. Echte Kerle. Pai-changs böse Zunge galt denen, die den Begriff der Unreinheit propagierten:

„Die unvollständigen Lehren sprechen von Unreinheit, die absoluten Lehren von Reinheit. Die unvollständigen Lehren behandeln Beschmutzung und Unreines, um das Profane zu eliminieren. Die absoluten Lehren sprechen von der Beschmutzung der Dinge, um das Heilige zu eliminieren. Die Buddhaschaft zu suchen, die Erleuchtung zu suchen, irgendetwas zu suchen, egal ob es existiert oder nicht, heißt, die Wurzel für die Äste zu verlassen. Davon abgesehen, wirst du, wenn du nicht einen besonderen Gedanken an etwas verschwendest, zu gegebener Zeit deinen Teil des Natürlichen und der Klarheit finden.“

„Das Herz, das nicht verstanden hat: Es ist genau *das* und nichts anderes. Das, was mich im gegenwärtigen Augenblick befragt, macht deinen Schatz aus. Alle Dinge sind vollkommen in sich, nichts fehlt. Benutze sie spontan. Warum im Äußeren suchen?“, fragt Mat-su.

Aber die, die suchen, benötigen Antworten.

Ihr wollt Antworten? Hier sind welche:

- Schmeckt von diesem Weg die Köstlichkeiten und die Freude und streift dabei in der Wirklichkeit umher.
- Der Zustand des Wissens ist ein Nichtwissen, durch das die Essenz aller Dinge erkannt wird.
- Ihr braucht weder Großtaten noch Erfindungsgeist, bewahrt einfach den Zustand des Neugeborenen.
- Man muss die gewöhnlichen Leidenschaften nicht abschneiden. Lernt einfach, die Absicht aufzulösen, denn der Geist wird in Abwesenheit von Absicht entschwinden, und die Praktiken erschöpfen sich in Abwesenheit von Gedanken.
- Sich des Geistes zu bemächtigen, um ein Objekt abzuschaffen, bildet einen Eingriff zwischen Geist und Objekt. Der Geist ist Auslöschung, das Objekt Beruhigung.
- Es gibt wirklich nichts zu erfragen, so wie es keinen Ort gibt, um den Geist zu beruhigen. Die leuchtende Leere beginnt zu funkeln.
- Seinen Geist zu verwenden, um sich seiner zu bedienen, liegt da nicht die größte Verirrung?
- Folgt der Natur der Dinge, dann seid ihr in Übereinstimmung mit dem freien und von aller Qual erlösten Weg.
- Es gibt nur Unwissende, die in Meditation sitzend an nichts denken und sich für großartig ausgeben.
- Wenn man den Spiegel reibt, zerkratzt man ihn. Eine zu geschickte Arbeit ruiniert die ungeschliffene Jade.
- Die Tatsache, dass ihr unklar über das Werk eines anderen nachdenkt, erweckt den Anschein einer Ahnung in euch und nicht im anderen. Eliminiert also eure ei-

gene Sichtweise. Warum über die der anderen nachdenken?

- Solange man sich an die Existenz des Geistes hängt, existiert dieser sogar ohne Überlegung. Aber wenn man versteht, was die Befreiung des Geistes ist, besteht eine Befreiung des Geistes sogar dann, wenn Überlegungen auftauchen. In Wirklichkeit gibt es kein Objekt im Geist, nur ihr zwingt euch dazu, eines zu produzieren. Warum?
- Es gibt keinen Ort, wo der Weg nicht wäre. Die Natur des absoluten Bereiches ist die Spontaneität.
- Davon zu reden, ob man in der Einheit ist oder nicht, heißt, die falschen Gedanken noch immer nicht aufgegeben zu haben.
- Die Leere des Objekts korrespondiert mit der jungfräulichen Natur, die nichts anderes ist als der Große Weg. Der Weg ist nicht etwas, an das man denken könnte. Wie sollte er den Geist betreffen?
- Ihr habt keinen Grund, den Geist abzulegen, noch weniger, ihn zu zwingen, sich zu beruhigen. Darin besteht die Beruhigung.
- Wenn sie sagen, dass die Beendigung der Geistesaktivität durch Wissen herbeigeführt wird, haben sie deren ursprüngliche Natur immer noch nicht verstanden. Diese Kenntnis ist natürlich eine Unkenntnis, denn eine Kenntnis, in der etwas als bekannt übrig bleibt, ist trügerisch.
- Der Große Weg ist ein weiter, unbegrenzter Raum, wo weder Überlegungen noch Angst existieren. Wie ihr gemerkt habt, fehlt es euch an nichts. Es gibt keine

andere Methode, es genügt, euch dem Geist, so wie er ist, anzupassen. Praktiziert keine Kontemplation, reinigt den Geist nicht, lasst weder Hass noch Gier sich erheben, seid weder melancholisch noch ängstlich: Seid von unbegrenztem Wesen, um ungehindert und frei in alle denkbaren Richtungen zu gehen. Alle Leidenschaften und alle Hindernisse sind von Anfang an das große Erlöschen. Jede Suche ist zum Scheitern verurteilt, denn sie setzt ein Objekt voraus. Folgt dem Faden eurer Emotionen, habt Vertrauen, folgt eurer eigenen Natur.

- In der beständigen Vision des unbegrenzten Raumes und des körperlichen Friedens durchdringen sich Inneres und Äußeres gegenseitig. Der Körper gleitet sogar in das Herz des Absoluten Bereiches hinein, wo ihn nichts mehr blockieren kann.
- Körper und Geist befinden sich selbst in ihren kleinsten Bewegungen für immer im Ort des Erwachens.
- In einem Staubkorn befinden sich die unzähligen Universen, und all die Universen sind in einer Haarspitze versammelt. Wenn jedes Teilchen des gesamten Territoriums das Selbst ist, gibt es keinen Platz, um sich zu verbergen.
- Wenn die sechs Sinne an ihre Quelle zurückkehren, sind sie unvergleichlich wirkungsvoll und lauter. Wenn die physischen Elemente zu ihrer Quelle zurückkehren, ist der ganze Körper rein.
- Das Verstehen gestattet es nicht, die tiefe Quelle zu erreichen, das Nichtverstehen noch weniger.
- Transzendiere alle Konventionen und Schulen. Sei

vollständig lauter und frei. Die, welche seit unerdenklichen Zeiten das große Erwachen verwirklicht haben, werden, sobald sie in den höchsten Punkt der Wahrheit eingedrungen sind, so schnell wie die Falken und so lebhaft wie der Blitz. Sie reiten in der Sonne funkelnd auf den Winden, und ihr Rücken streift das Himmelsblau.

Diese Antworten haben die Alten gegeben. Sich die Fragen vorzustellen, überlasse ich Ihnen. Sehen Sie den Körper durch diese Worte hindurch? Sehen Sie, wie das Heilige zusammenbricht?

5

DIE EKSTASE DES HERZENS

Wenn die Dinge so einfach sind, warum hat der Mensch dann all diese Praktiken, Rituale und diesen ganzen Betrieb erfunden, die sich um das Wesentliche herum gestalten?

Um es zu verbergen.

Mit welchem Ziel?

Um die Macht zu behalten.

Als der große tibetische Meister Marpa in Kaschmir den Siddha Tilopa traf, übertrug ihm dieser nach einigen Prüfungen die höchsten Lehren des Mahamudra. Marpa kehrte nach Tibet zurück und begann, diese unmittelbare Einfachheit zu lehren, die sämtliche Praktiken, Vermittler und die gesamte Priesterklasse in der Versenkung verschwinden lässt. Die anderen Meister machten sich angesichts der direkten Überlieferung einer so anarchischen Lehre Sorgen. Sie baten Marpa, ruhiger zu werden und diese Lehren denen vorzubehalten, die alle Stufen des formellen Weges gegangen waren. So wurde zur geheimsten Lehre, was die Siddhas in einem einzigen Zusammenkommen offenbarten. Das Gleiche gilt für Mahachinachara.

Ein Ritual ist also wertlos?

Die Mantras sind nur leere Worte, die Rituale Mätzchen, um den Geist zu beschäftigen, solange noch keine Klarheit herrscht. Davor führen die Rituale nirgendwo hin, es sei denn zu einer etwas größeren Anbindung an die Form. Sobald Sie nicht mehr dem Hirngespinst unterliegen, sie würden mit Hilfe des Rituals einen bestimmten Punkt erreichen, wird es zu einer freien Handlung, einem Ausdruck der Schönheit und der Ganzheit. Einen Malkasten zu kaufen, macht noch keinen Maler aus Ihnen, genauso wenig wie der Besitz eines Musikinstruments einen Musiker aus Ihnen macht. Devi hat erst gewisse Aspekte des Rituals gelehrt, wenn das Gewahrsein sich im Körper gesetzt hatte, und auch dann mit viel Vorsicht. Ich habe viele Menschen sich der Jagd nach dem Mantra hingeben sehen. Stundenlang haben sie zugehört, wie die großen Mantras von einer Bande von Idioten träge heruntergeleiert wurden, alles von einer faden Musik untermalt. Ich habe gesehen, wie sie in allen Richtungen mit Glöckchen, Weihrauch, Blumen und Mudrâs herumgefuchtelt haben etc. Aber kaum ist das alles vorbei, fallen sie im günstigsten Fall in die Verwirrung, Trennung und Dualität zurück. Wir wollen immer das Exotische, Initiationen oder geheime Übungen; aber die größte Übung besteht im Gehen, in der Berührung der Welt, im Schauen und in der Kunst, in ihr so zu leben, dass jede alltägliche Handlung zum Ausdruck der Nicht-Dualität wird. Es gibt nichts Schöneres. Alles taucht dann aus dem Bewusstsein auf und wird von ihm wieder aufgenommen. Das ist die ursprüngliche Ekstase.

Warum soll man lehren oder akzeptieren, dass andere einem zuhören, was auf das Gleiche hinausläuft?

Sobald die Klarheit plötzlich Oberhand gewinnt, sehen Sie vor allem, wie das Leiden, das mit der Verfolgung eines durch das Ego geschaffenen spirituellen Hirngespinstes verbunden ist, im Wunsch, sich zu befreien, größer wird. Man möchte das Erwachen; aber keiner hat es je bekommen, denn das Erwachen ist kein Objekt. Manche gehen sogar so weit, von „ihrem" hypothetischen Erwachen zu sprechen, sogar von ihrer Arbeit an „ihrem" Erwachen. Vor diesem generellen Leiden stößt die Einfachheit einen lauten Schrei aus, und manche können ihn hören. An dem Tag, an dem Sie für den Schrei ihres Meisters empfänglich wurden, kam das Verständnis. Mit der Klarheit kommt in Ihnen der Wunsch auf, zu schreien. Ich kann nur dieses Echo auf das von mir wahrgenommene Leiden geben. Warum glauben Sie, hatten die Tantra- und Ch'an-Meister den Ruf, wahre Schreie auszustoßen, so stark, dass manche Schüler für einige Tage taub wurden?

Kann man friedlich sein und schreien?

Wenn Sie nicht friedlich sind, erstickt der Schrei in Ihrer Kehle. Den Schrei der Meister nennt man das Brüllen des Löwen.

Was können Sie noch lehren, wenn alles List und Manipulation ist?

Die Rückkehr zum ursprünglichen Sein durch die Erkenntnis des unbegrenzten Körpers und durch die Öffnung des Herzens, keine mentale Aufbereitung, kein Weg, keine raffinierten Mittel, kein Dogma, keine Theorie und keinen Glauben. Es geht um das Schweigen des anwesenden Körpers, der sich Ihnen, sogar durch die Sprache hindurch, öffnet.

Ist das nicht paradox?

Das Verstehen ist das Ende des Paradoxes. Der Körper kennt kein Paradox. Er ist zu Stille und Ruhe geschaffen, diese nimmt er wahr, selbst wenn Sie sprechen, selbst wenn Sie schreien.

Wodurch geschieht das?

Unmittelbar von Körper zu Körper, von Herz zu Herz. Die Lehre ist nur ein langwährendes Geschehen von Körper zu Körper. Eine tiefgehende Lehre hinterlässt keine Spur, denn sie vernichtet alle Fixierungen und zieht kein Kielwasser hinter sich her. Im möglichen Kontakt eines Meisters mit einigen Menschen liegt das Wunder. Durch dieses Wunder begreift man die Identität, man begreift die Abwesenheit einer Struktur, die sich von der Welt absondert und unaufhörlich ihre Auffassung in einen Gegensatz zur Ganzheit bringt. Ein fortwährendes Wunder geschieht, wenn dieser Kontakt mit demjenigen hergestellt wird, der sich für einen anderen hält und für völlig unfähig, die Ganzheit zu integrieren. Eine Auflösung der Starrheit findet statt, die Aufhebung von Meister und Schüler. Beide werden wie zwei Flüsse, die ihren Lauf zusammenführen – zugleich vereint und über die Ganzheit verteilt. Das ist die Liebe, die leidenschaftliche Verehrung dessen, der nichts anderes getan hat, als Ihnen zu helfen, das zu sehen, was Ihnen bereits zutiefst vertraut war. Wenn Sie damit in Berührung gekommen sind, fehlt Ihnen Ihr Meister nie, denn es gibt nicht einen Ort, wo Ihr Wesen nicht das seine wäre. Das nennt man die große Vereinigung.

Ergibt sich das Verstehen aus der Intelligenz, aus dem Scharfsinn oder aus der Gnade?

Aus der Großzügigkeit. Viele äußerst intelligente Menschen kommen nicht an das Verstehen heran, weil sie nicht großzügig sind. Sicherlich braucht man auch ein wenig Beharrlichkeit. Man kann über die außergewöhnlichsten Qualitäten verfügen, doch wenn es an Großzügigkeit fehlt, sperrt sich etwas. Das ganze potenzielle Verstehen fließt fortlaufend zum Ego hin und lässt es damit maßlos anschwellen. Die Großzügigkeit ist in gewisser Weise das Parfüm der Nicht-Dualität, an diesem Parfüm sind jene zu erkennen, die fähig sind, den Tiger zu streicheln.

Wie kann man zwischen all denen unterscheiden, die „lehren", und dem, der uns wirklich helfen kann?

Der, der Liebe ist, hat die wirkliche Natur des Geistes schon durch seine körperliche Gegenwart lange gezeigt, bevor er den Mund aufgemacht hat.

Warum macht er dann den Mund auf?

Weil Sie ihn befragen.

Hat die Sprache gar keine Einwirkung?

Die Sprache kann, wie die Körperbewegungen, mit der nicht-dualen Präsenz durchtränkt sein: Etwas findet seinen Weg unterhalb der Worte hindurch; ein Erschauern sickert ohne Ihr Wissen in Sie ein. Manchmal kann eine Verbindung von Worten etwas tief in Ihrem inneren Bewusstsein zum Klingen bringen und in einem Augenblick das Nicht-Verstehen auflösen. Das Wunder der von kosmischer Essenz durchtränkten Sprache besteht darin, dass sie innerhalb einer Sekunde jegliche Sprache, die ein Zeichen mentaler Erregung ist, wegfegen kann und nur noch den friedlichen und tiefsinnigen Aspekt des Geistes widerspiegelt. Das ist es, was wir den *Nicht-Gedanken* nennen. Falls Ihr Geist authentisch ist, werden Sprache und Schweigen authentisch sein.

Aber die Natur des Geistes besteht darin, uns zum Fragen anzutreiben. Wir versuchen, das Geheimnis einzukreisen, eine Bresche hineinzuschlagen...

Sie haben das Geheimnis im Innersten erfahren, aber Sie wissen es nicht, das löst Fragen und Zweifel aus. Die Tantrika sowie die Buddhisten greifen zu einer List, um uns zu helfen, die Aktivität des Geistes zu erfassen. Sie spalten ihn zeitweise in zwei auf. Der erste heißt *Manas,* das ist der unterscheidende Geist, der seine Zeit damit verbringt, einzuordnen, zu zweifeln, eine chronische Unfähigkeit zu schaffen und die Dinge im Moment zu erfassen, denn er bindet sie immer wieder an ein übererregtes denkendes Ego. Das gibt in einem inneren Selbstgespräch Kommentare ab, und mit dem Versuch, den Lebensfluss zu fixieren, unterbricht es diesen gerade. Der andere, *Manovijñāña* genannt, ist geschmeidig, funktional, direkt und arbeitet nur, wenn es sein muss. Er ist instinktiv und frei, schnell und kreativ. Er erfasst alle Sinneseindrücke, er kommuniziert und sorgt für einen lebendigen Fluss. Er ist aktiv, während der andere, ohne Unterlass in Alternativen verstrickt, die Aktion hemmt. Der eine verbringt seine Zeit damit, den Körper zu verleugnen, der andere beschleunigt seine Verständigungsprozesse. Es ist sehr einfach, diese beiden Funktionsweisen zu beobachten und so die beiden Aspekte des Geistes zu sehen – den fixierenden und den das Fließen begleitenden. Je tiefer das Fließen einwirkt, umso mehr schweigt *Manas*. Mit der direkten Körperwahrnehmung verschwinden diese Eingriffe nach und nach.

Manche Wissenschaftler behaupten, dass die direkte Wahrnehmung aufgrund eines permanent aktivierten Gedächtnisses unmöglich sei.

Das Gedächtnis gehört zu *Manas*. Das können Sie selbst beobachten. Sie treten in einer schönen klaren Nacht aus einem Haus und entdecken einen großartigen Sternenhimmel. Während einer Sekunde oder mehr lähmt der Schock der Entdeckung *Manas*, Sie sind dann der Himmel. Ihr Körper beginnt zu vibrieren und zu antworten. Der Atem fließt frei. Es gibt kein Gefühl von Trennung mehr. Kein Subjekt, kein Objekt existiert. Ihr innerer Beobachter schweigt. Aber blitzschnell bemächtigt sich der unterscheidende Geist dieser Nicht-Dualität, um sie zu spalten – und das ganze Gefühl der Einheit geht verloren. In diesem Moment wird das Gedächtnis aktiviert. Meistens geschieht dieser Vorgang so schnell, dass uns die erste Phase nicht einmal bewusst ist. Unsere natürliche Antwort ist ekstatisch, aber von so kurzer Dauer, dass wir das Gefühl haben, die Ekstase nicht zu kennen. Genau dann überwältigen uns die Nachrichtenüberbringer, um uns zu manipulieren. Man verheimlicht uns, dass die Natur eines jeden Menschen ekstatisch ist, um den Verkauf von den Menschen vergiftenden Zaubertränken zu fördern. „Meine Schau war tief seit Anbeginn, aber sie wurde von den Meistern, die ich um Rat gefragt habe, verzerrt“, sagte ein Ch’an-Meister.

6

EIN GESANG ZU EHREN DER SPONTANEITÄT

Rahula lebte zwischen dem zweiten und dritten Jahrhundert. Er gilt als einer der größten Tantra-Meister und soll seine Lehre Nagarjuna weitergegeben haben. Seine Geschichte ist geprägt von einem Zusammenbruch. Auf der Höhe seines Ruhmes angelangt, war dieser Brahmane ein verehrter Meister. Man betrachtete seine Kenntnisse der Schriften als vollkommen. Sogar der König nahm ihn zum Meister. Eines Tages, als er prachtvoll gekleidet über den Marktplatz ging, sah er eine junge, schlicht gekleidete Frau, die voller Konzentration Pfeile herstellte. Er näherte sich ihr und sah zu, wie die Frau ihren Pfeil fertigstellte.

„Ist es euer Beruf, Pfeile herzustellen?", fragte Rahula sie. Die junge Frau überprüfte die Geradheit des Pfeils, bevor sie ihm antwortete:

„Die Lehre des Erleuchteten kann durch Taten und Symbole wahrgenommen werden, nicht durch Worte oder Abhandlungen. Ich ziele mit meinem Pfeil der Nicht-Dualität ins Herz der Dualität."

All der Hochmut von Rahula brach zusammen. Er verließ den Hof, seine Funktion, das Zölibat und ging fort, um mit der schönen Yogini zu praktizieren, die ihm den Namen Saraha gab – „Der den Pfeil abgeschossen hat".

Als die Brahmanen sahen, dass ihr Meister in Lumpen gekleidet war, sich betrank, sich der sexuellen Vereinigung hingab und Fleisch verzehrte, flehten sie den König an, ihn zur Vernunft zu bringen. Der König schickte eine Gesandtschaft zu dem Brahmanen, um ihn dazu zu bewegen, zum Palast zurückzukehren und sein derzeitiges Leben aufzugeben. Saraha antwortete mit dem folgenden Lied zu Ehren seines Meisters, zu Ehren der Spontaneität. Dieses Lied enthält die Essenz der Lehre des Mahamudra und der Lehre von Mahachinachara:

> Da sie das tiefe Geheimnis nicht kennen, rezitieren die Brahmanen die Veden vergebens.
>
> Sie leiern ihre Texte herunter, sie bieten das Wasser, die Erde und das Feuer dar, entzünden *Kusa*-Kraut, die Augen rauchgerötet.
>
> Mit der Miene eines Bhagavan tragen sie einen Stock zur Schau. Sie halten sich für Schwäne, und die Gläubigen lassen sich täuschen. Sie trennen willkürlich Reines und Unreines voneinander.
>
> Nackt, mit Asche bedeckt, tragen sie einen Knoten, entzünden eine Öllampe und lassen ihr Glöckchen klingeln.

Im Lotossitz vertrauen sie den Menschen ihre Geheimnisse an, nutzen die Gläubigen aus und verkaufen die Einweihung an Witwen und Nonnen.

Sie irren nackt oder in Lumpen gekleidet herum, sie lassen sich die Nägel übermäßig lang wachsen und vernachlässigen ihren Körper. Ihre Hingabe ist nur eine Parodie.

Wenn es genügt, sich zu entblößen, um zur Befreiung zu gelangen, sind Hunde und Schakale erlöst! Wenn es genügt, sich den Schädel zu rasieren, um zur Erleuchtung zu gelangen, sind die Hüften der Frauen im höchsten Maße erleuchtet!

Einen Schwanz zu haben, hat noch niemanden befreit. Schaut den Pfau und den Yak an! Wenn die Ernährung von Abfällen zum Bewusstsein führt, haben Elefant und Pferd es erlangt!

Saraha singt: Überhaupt keine Befreiung den Asketen, die ihren Körper quälen, denn sie berauben sich der Wirklichkeit.

Die Novizen, die Mönche, die Sannyasin, die von den Alten beeindruckt auf die Welt verzichten, lehren die Schriften und trocknen vor zu viel Konzentration aus.

Andere berufen sich auf das Große Fahrzeug und Heilige Texte. Sie meditieren auf die *Chakras* und *Mandalas*, sie spalten die Glückseligkeit in verschiedene Schritte auf.

Sie machen nichts anderes, als sich vom Weg zu entfernen und schlagen sich, um zu wissen, ob er unbegrenzter Raum oder Leere ist.

Das Spontane zu vernachlässigen, um über das Nirvana zu debattieren, heißt, den Höchsten Sinn zu verfehlen.

Wer vom Spontanen abweicht, wird die Befreiung nicht erlangen. Was nützen Meditationen, Gaben von Öllampen oder Mantra-Rezitationen?

Was nützen Strenge und Pilgerfahrten? Man befreit sich nicht, indem man in Heilige Wasser eintaucht.

Verlasse alle Bindungen, gib es auf, die Dinge gegeneinander auszuspielen. Die vollkommene Kenntnis ist ohne besondere Merkmale. Wenn das Bewusstsein aufsteigt, ist alles befreit.

Hinter den Lehren und Abhandlungen, den philosophischen Diskussionen und heiligen Texten gibt es nichts anderes, als die zu Füßen meines Meisters entdeckte Wirklichkeit.

Möge sein Wort dein Herz nur einen Augenblick durchdringen, und du wirst begreifen, dass der Schatz in deinen Händen liegt. Saraha singt, dass die Welt der

Illusion unterworfen ist und der Geist seine wahre Natur nicht kennt.

Saraha singt: Meditiere nicht, verlasse die Welt nicht, lebe in Gesellschaft. Falls du nicht erlöst wirst, wenn du dich zutiefst an der Sinneswelt erfreust, kann man dann sagen, dass deine Kenntnis vollkommen ist?

Wenn die Wahrheit offensichtlich ist, was bringt es, zu meditieren? Wenn die Wahrheit versteckt ist, misst du nur die Dunkelheit aus! Saraha singt: Die Wahrheit ist weder der Bereich des Seins noch der des Nicht-Seins. Darum komme mit dem Spontanen in Berührung!

Saraha besingt spontan die geheime Tiefe der Welt, bleibe nicht gefangen in der benommenen Herde! Was uns zur Geburt führt, leben und sterben lässt, ist das Herz des Höchsten.

Das Höchste meditiert nicht, warum darüber meditieren? Das Höchste ist unsagbar, also schweige! Die Menschen sind Gefangene des Werdens, und niemand entdeckt die Natur des Selbst.

Gib Mantra, Abhandlungen, Meditationsobjekte und Konzentration auf! Das Bewusstsein ist makellos, beschmutze es nicht mit der Praxis! Hör auf, dich zu quälen, und bleibe in der innigen Seligkeit!

Erfreue dich an Speise und Trank, sei glücklich und freue dich am Vergnügen, das du der Linie der Meister schenkst. So befreit man sich! Der Meister läuft auf dem Kopf derer herum, die sich an die Welt binden!

Saraha sagt dir, entspanne dein Bewusstsein, wohne im Herzen, dort, wo Sonne und Mond nicht tiefer als der Atem eindringen.

Gib die Dualität auf, wohne in der Einheit. Dein Wissen möge frei von Unterscheidung sein. Das Erschauern deiner Liebe möge in der Gesamtheit der Welten nur die Farbe des Einen wahrnehmen!

Nichts wird mehr geboren, entwickelt oder beendet. Das Werden erschöpft sich. Das Nirvana verschwindet. In der Höchsten Glückseligkeit existiert kein Unterschied mehr zwischen dir und der Welt!

Überall, wo dein Blick sich hinwendet, erschaust du nichts anderes als diese Wirklichkeit! Befreie dich von der Verirrung und gib alle Suche auf!

Der Meister wird dir sagen, dass am äußersten räumlichen Ende der Sinnesorgane das Ego sich auflöst und sich dann der Körper des Spontanen manifestiert.

Saraha besingt diesen Körper, wo der Gedanke stirbt und der Atem verschwindet. Dieser Ort ist die höchste Seligkeit. Suche sie nicht woanders!

Bleibe in der Feinheit, oh Yogin. Wohne in dieser innigen Erkenntnis, vermeide es, sie mit etwas zu identifizieren und fließe mit deinem Gedanken, der aus demselben Wasser wie die Welt besteht.

Saraha singt, höre ihm zu. Keine Befreiung durch Meditation. Verfange nicht deine Gliedmaßen im Netz der Illusion!

Ursprünglich ist der Himmel rein, aber das gebundene Wesen sieht ihn am Ende getrübt. Die Unvollkommenheit der Dinge kommt von deinem eigenen Gedanken!

Die Bindung ans Ego verhüllt die Wirklichkeit. Kritisiere die verschiedenen Wege nicht, entgehe der Verwirrung der Welt im Vergleich zur Meditation und erkenne deine eigene Natur.

Die Quelle des Bewusstseins entgleitet dir, denn du entfernst dich vom Spontanen, um dir einen dreifachen Weg vorzustellen. Verlasse nicht den Ort, wo du lebst und stirbst.

Wenn du dich für die Quelle interessierst, wird dich die Lehre des Guru hinführen. Die Vielfalt des Kreislaufes von Leben und Tod ist nur eine Form des Bewusstseins.

Niemand kann deine eigene Natur definieren, aber der Guru kann sie dir offenbaren. Im Verschlingen des Guten und Schlechten bleibt kein dunkler Bereich.

Wenn dein Herz vom Gedanken befreit ist, bist du nur noch eins mit dem Guru. Seine Eigenschaften sind die deinen. Ich, Saraha, habe ihn erkannt. Ich habe Mantra und Tantra aufgegeben, um dieses Gedicht zu singen.

Mit der an die Zeit gebundenen Tat legst du dir Fesseln an. Wenn du dich von der absichtsvollen Handlung befreist, findet der Gedanke seine Quelle wieder, und du kennst die höchste Befreiung.

Das Bewusstsein ist die erschauernde Quelle von jeglichem Aufblühen und aller Befreiung, das ist der verborgene Schatz, dem zu huldigen ist. Was du also ersehnt hast, besitzt du!

Wenn das Bewusstsein gebunden ist, bist du gebunden. Wenn das Bewusstsein befreit ist, bist du befreit. Das ist sicher! Was die Nichtwissenden in Ketten legt, befreit die Erwachten.

Das angekettete Denken stürzt in alle Richtungen davon. Befreit, bleibt es reglos wie ein Kamel. Dieses Paradox ist klar.

Oh Yogi, verharre nicht wie ein Stein, dem man den Atem genommen hat, während du auf deine Nasenspitze starrst. Erfreue dich am Spontanen und höre auf, dich an die Zukunft zu binden!

Verlasse das unbeständige Pferd des Denkens, das seinen Lauf verändert wie der Wind. Verwirkliche deine eigene spontane Natur, und das Denken wird mit einem Schlag still!

Wenn das Denken sich niederlegt, ist der Körper befreit, alles gibt sich dem Geschmack des Spontanen hin. Keine Kastenunterschiede und keine Brahmanen mehr!

Von dir geht alles aus, die göttlichen Flüsse, Ganges und Yamuna, die heiligen Orte, Benares und Allahabad, und auch Mond und Sonne!

Ich habe heilige Orte gesehen, doch keiner ist von solcher Glückseligkeit durchtränkt wie mein eigener Körper.

Du kannst einen Lotos betrachten und nur Blüten, Herz, Blätter und Stängel darin sehen. Gib diese belanglosen Unterscheidungen auf, erschaue wahrhaft den Lotos. Habe keine Angst, quäle dich nicht, gib das Unnütze auf.

Gib die Mantras, die Texte auf, und richte deine Suche auf den Körper aus, in dem die Götter sich verlieren, dann wirst du das Absolute sein und jedes weitere Verlangen wird schwinden.

Erkenne dieses Ambrosia, das sich durch das Nicht-Wissen hindurch bekundet. Diejenigen, die Erklärungen nachgehen, finden die Transparenz inmitten der Aktivität nicht.

Oh Schüler, koste vom wunderbaren Geschmack der Wirklichkeit, deren Natur unsagbar ist. In diesem Körper, wo das Imaginäre aufhört, sich zu entfalten, taucht alles in die Glückseligkeit ein.

In diesem Körper lässt die Intelligenz nach. Entspannt sich der Gedanke, löst sich das Ego auf. Benutze die Meditation nicht, um mit illusorischen Welten in Berührung zu kommen.

Eine Sache zeigt sich und geht fort. Wenn sie nicht mehr da ist, warum sollte sie von neuem hochkommen? „Wenn sich nichts mehr zeigt und nichts verschwindet, bleibe, wo du bist", sagt der Guru.

Benutze die Sinne, siehe, höre, berühre, schmecke, fühle, gehe, setze dich hin, aber tue alle diese Dinge, ohne dich dem inneren Dialog hinzugeben. Bleibe in der Einheit und lasse den Gedanken los.

Wenn du nicht deinen Durst mit dem Wort des Meisters, dem Nektar der Unsterblichkeit, stillst, dann riskierst du, vor Durst zu sterben, verloren in der Wüste der Texte.

Gib Denken und Nicht-Denken vollständig auf. Sei wie ein Kind. Sei völlig vom Wort des Meisters überzeugt. So wird dich das unsagbar Spontane überraschen wie ein Tiger.

Eine Jungfrau kann das Vergnügen der sexuellen Vereinigung nicht beschreiben. Ohne Sprache kann das Unaussprechliche nicht ausgedrückt werden. Das Absolute entzieht sich jeder Beschreibung.

Völlig befreit vom Sein und Nicht-Sein, löst sich das Universum in dir auf. Der Gedanke wird reglos, der Kreislauf des Werdens hält an.

Um diesen unvergleichlichen Körper zu erhalten, erkenne das Höchste in dir. Der Irrtum zerstreut sich also, und du siehst das Selbst.

Befreie das sexuelle Vergnügen des Werdens, ohne es dir vorzustellen, und erkenne den höchsten und makellosen Sinn des Erschauerns.

Wenn die Frau im Hausinnern ist, sucht der Ehemann sie draußen. Saraha singt: Du, der du dich verirrst, erkenne das Selbst, das weder das Objekt einer Meditation, noch eines Mantras, noch einer Konzentration sein kann.

„Wird der Meister das Höchste Geheimnis darlegen? Werde ich ohne Unterscheidungsvermögen befreit werden“, fragen sie? Die Jünger kommen und gehen. Sie irren in ihren Praktiken und begehen den Irrtum, das Spontane nicht zu erkennen.

Freue dich an der spürbaren Welt ohne Einschränkung durch die sinnliche Wahrnehmung. Pflücke die Lotosblume, ohne Wellen auf dem Wasser zu verursachen, wie ein Yogi, der für die Quelle der Dinge offen ist und erschauert, ohne sich Fesseln anzulegen.

Vergebens siehst und erkennst du einen Gott, du bleibst dennoch sterblich und dem Kreislauf des Werdens unterworfen. Es gibt keinen Ausgang außerhalb deiner eigenen Befreiung.

„Unser verehrter Meister preist den Stillstand des Denkens, die Meditation mit offenen Augen, die Kontrolle des Atems", sagen die Verirrten. Aber wenn der Atem im Moment des Todes von allein aufhört, was machst du dann?

Die Handlung findet erst dann ihre Leichtigkeit, wo das Spürbare erlischt. Man versteht dieses Geheimnis, indem man klar sieht, wo man sich in diesem Moment befindet.

Die Gelehrten kommentieren die Abhandlungen, aber sie kennen den Buddha in ihrem eigenen Körper nicht. Sie haben die mentalen Schwankungen nicht zerstört und behaupten voller Unverschämtheit, sich am Wissen zu erfreuen.

Durch die Unterweisung des Meisters verfeinert sich die Intelligenz, das ist das höchste Juwel. Warum versucht man, dem Alter und dem Tod zu entgehen?

Wer sich in die Leere flüchtet, ohne sich an der Welt mittels der Feinheit seiner Organe zu erfreuen, ist wie ein Vogel, der von einem Floß inmitten des Ozeans davon fliegt. Er fliegt, erschöpft sich bei der vergeblichen Suche nach der Erde und setzt sich von neuem auf das Floß.

Saraha singt: Auf dass deine Freude am Spürbaren von Bindung frei werde. Unwissender, betrachte den Schmetterling, die Biene, den Fisch, den Elefant und das Wild!

Was aus dem Bewusstsein aufsteigt, ist von identischer Natur mit demjenigen, der bewusst ist. Sind die Wellen vom Wasser verschieden? Die Natur kommt dem Werden gleich und ist die des unbegrenzten Raumes selbst.

Wer spricht? Wer hört zu? Wer pflichtet bei? Der Staub fällt ohne Unterlass in einen geschlossenen Raum. So wie das vom Herzen Aufsteigende wieder in das Herz zurückfällt.

Wasser in Wasser gegossen, hat nur einen Geschmack. Erkenne Fähigkeiten und Fehler als identisch, denn sie berühren sich.

Betrachte alles mit Gleichmut, ohne dich an die Leere zu binden. Sogar die Spreu eines verschluckten Sesamkorns kann Risse und Schmerzen verursachen.

„Ich denke dies, ich denke das....“ – die Perle der Handlung erfüllt alle Wünsche. Merkwürdig, dass diejenigen, die dem intellektuellen Wissen nachstreben, ihrem Niedergang entgegen gehen, während doch die große Seligkeit in ihrem eigenen Herzen wohnt.

In dieser Seligkeit ist jede Form unbegrenzter Raum. Wer sein Denken im Gleichmut seiner eigenen räumlichen Natur festmacht, beraubt das Denken der Hin-und-Her-Überlegungen und freut sich an der höchsten Spontaneität.

Überall spricht man von Reinheit, aber wer kennt die Bleibe der großen Seligkeit? Saraha singt: Die Welt ist nur Bewusstsein, und niemand kann das Nicht-Bewusstsein verstehen.

Das Göttliche ist Eins, aber es wird in allen Traditionen unterschiedlich offenbart. Jedermann nimmt es seinem Verlangen entsprechend wahr.

Jeder glaubt, der Herr sei auf seiner Seite und sieht die anderen als Feind. Wenn man den EINEN verschlingt, verzehrt man all die anderen. Gehe nicht aus, um die Gattin zu suchen.

Der Höchste Herr kündet weder sein Kommen noch sein Fortgehen an. Erkenne den Makellosen, den Nicht-Aufgewühlten.

Höre auf, zu kommen und zu gehen. Wie könntest du sonst die gänzlich erschauernde Spielerin erkennen?

„Auf das reine Bewusstsein wird in der Mitte zwischen den Augenbrauen meditiert", sagen sie. Gib doch alle Unterscheidung auf. Sobald du den Körper nicht mehr aufspaltest, nicht mehr Wort vom Gedanken trennst, wirst du dich an der eigenen Natur des Spontanen erfreuen.

Wenn die Frau den Mann spontan verschlingt, hat das andere keine Zeit emporzukommen! Die Yogini ist unvergleichlich!

Sie verschlingt den Mann und genießt das Spontane, denn ihre Liebe ist jenseits der Grenzen von Anziehung und Zurückweisung. Diese Yogini, die das auf Erfahrung beruhende Bewusstsein aufgelöst hat, ist mir neben dem Yogi sitzend, mit dem sie lebt, erschienen.

Man kann ohne große Überlegung trinken und essen, denn was im Bewusstsein erscheint, ist unantastbar, und das Denken beruhigt sich. Der Zauber der Yogini ist ohne Gleichen!

In ihr steigt Tag und Nacht die dreifache Welt auf. Das Bewusstsein der Yogini kennt den Zauber des Spontanen.

Während die Welt der Sprache gequält wird, lässt man die Sprache herumwirbeln, wenn man sich von ihr befreit.

Innen und außen ist identisch, fest gegründet ist das Substanzlose im Körper verborgen. Wisse es und sei befreit.

Ich habe gelobt, Erfolg zu haben, aber das Wasser des Lebens hat es mich vergessen machen. Ich kenne ein Wort genau, aber ich habe seinen Klang vergessen.

Wenn du nicht weißt, dass du deine eigene Essenz bist, wie kannst du dann die große Seligkeit im Moment der sexuellen Vereinigung erlangen? Wie ein verdurstendes Wild, das einer Fata Morgana zum Opfer fällt und einer weit entfernten Wasserfläche nachläuft, riskierst du, vor Durst zu sterben, ohne die himmlische Flüssigkeit zu berühren.

Was ist die Fata Morgana? Die Welten, die Sinnesorgane und ihre wechselnden Objekte. Ich verhehle nichts.

Die Gelehrten mögen diese Worte ohne Hintergedanken anhören: Das hat die Yogini mich gelehrt, warum sollte ich daraus ein Geheimnis machen?

Diese Liebesspiele zwischen Frau und Mann, wer genießt sie nicht? Gibt es jemanden in der dreifachen Welt, dessen Verlangen damit nicht gestillt würde?

Diese Spiele können zur Seligkeit gehören, zum Weg oder zur Vereinigung zu zweit. Jener, der sie durch die außergewöhnliche Gnade seines Gurus kennt, ist selten!

Diese unendliche Tiefe, wo es weder einen selbst noch die anderen gibt, diese innige Erfahrung, freue dich in der höchsten Seligkeit des Spontanen daran!

Der Mond, die Perle der Dunkelheit, erhellt die Finsternis, wie diese höchste Seligkeit das Leiden in einem Augenblick auflöst.

Wenn die Sonne aufhört, die Erregung zu beleuchten, erhebt sich die Königin der Sterne, und die ganze wunderbare Erscheinung scheint magisch zu sein. So verhält es sich auch mit den mystischen Kreisen und Rädern.

Begreife, oh Nichtwissender, in atemberaubender Geschwindigkeit alles Bewusstsein als Bewusstsein, und gib sofort jegliche Meinung auf. Finde in der großen, höchsten Glückseligkeit die tiefe Fähigkeit, alles zu tun.

Der König der Elefanten, das eindeutig befreite Bewusstsein, bringt den beweglichen Berg dazu, am Ufer des Flusses zu bleiben und seinen Durst zu löschen, wie es ihm beliebt.

Packe die Sinnesorgane wie einen Elefantenrüssel. Was den gewöhnlichen Menschen tötet, befreit den Yogin, der wie ein geschickter Dompteur ausweicht.

Stelle dir keine Unterscheidung zwischen *Samsara* und *Nirvana* vor. Erkenne sie als makellos, ohne Verankerung.

Ohne dein Haus zu verlassen oder dich in den Wald zurückzuziehen, erkenne deinen Gedanken, wo immer du bist. Wenn du in der Erleuchtung des Einen Geistes wohnst, gibt es kein *Nirvana* oder *Samsara* mehr.

Die Erleuchtung findet nicht statt. Erkenne dieses Geheimnis und sei unversehrt in der ursprünglichen Natur deines makellosen Bewusstseins.

„Das ist mein Körper, das ist ein anderer Körper...", sagt der Unwissende. Vernichte diese Verbindung mit der dich einsperrenden Trennung, und befreie dich!

Begehe nicht den Irrtum, dich von den anderen unterscheiden zu wollen, denn alles ist Buddha, makellos und in jener Essenz reines Bewusstsein.

Der Baum des nicht-dualen Bewusstseins dehnt sich über die Welt aus. Seine Blüten sind die Liebe, seine Früchte die Gabe.

Der Baum der Leere ist voll mit Früchten und Taten der Liebe, die Früchte zeigen sich spontan, denn die Seligkeit ernährt den Gedanken des anderen nicht.

Der Baum der Leere kennt kein Mitleid, er ist ohne Äste, Blüten und Blätter, und wenn du dir sie vorstellst, fällst du in den Raum hinein!

Diese beiden Bäume entsprießen in einem einzigen Samen und geben nur eine Frucht. Wer sie nicht in Gegensatz zueinander bringt, ist von allem befreit, sogar vom *Nirvana*!

– Ein Lied zu Ehren der Spontaneität –
aus dem Englischen vom Autor nach der
unveröffentlichten Version von Lalita Devi übersetzt.

7

DER KOSMISCHE KÖRPER ODER DAS ORGANISCHE ABSOLUTE

Warum haben so viele 'spirituelle' Menschen ihren Körper verleugnet?

Ein spiritueller Mensch ist ein mentaler, ein unvollständiger Mensch, der den Körper nicht als Ganzheit wahrnehmen kann, sondern allein als Last, die dem Leben des reinen Geistes im Wege steht. In diesem Sinn ist die Spiritualität eine Illusion, denn sie drängt uns auf eine Seite, die nicht mit dem gesamten Verstehen in Berührung kommen kann. Der reine Geist ist tendenziell in der Dualität. Wenn es nicht anders geht, möchte er Gott sein, aber sicherlich nicht sein Gegenteil. Sagen Sie das einmal dem Körper, und er lacht sie schallend aus. Er ist nichts als Bewusstsein der Ganzheit. Das ganze Problem besteht darin, dass der Geist von selbst zum Konzept des Ich hingleitet. Das ist für ihn natürlich, während der Körper diesen Irrtum nicht begreifen kann, selbst wenn Sie tausend Jahre lang versuchen würden, es ihm zu beweisen. Die Angst des Körpers ist mit der Furcht verbunden, seine Grenzen zu verlieren. Es gibt eine Intuition in uns, dass der Körper die Dummheiten des Mentalen niemals schlucken wird. Natürlich rächt sich das Mentale. Es setzt den Körper unter Beschuss und träufelt ihm geduldig das Gift der Dualität, der Trennung ein. Nach einigen Jahrzehnten leidet unser Körper unter chronischen Spannungen, Erstickungsanfällen, unkontrollierten spastischen Bewegungen und beginnt zu glauben, er habe die Ganzheit verloren. Tatsächlich befindet sich im Zentrum jeder Zelle eine Art unwandelbarer Rubin, den das Mentale nicht verschmutzen kann. Hört der Körper eine Unterweisung, die ihn betrifft, besitzt er die außergewöhnliche Fähigkeit, zu seiner tiefen und unwandelbaren Quelle zurückzukehren und die Freude zu entdecken, die sich zeigt, wenn er erkennt, dass er in der Lage ist, die Ganzheit zu sein. Die den Körper verleugnenden Unterweisungen infizieren ihn nur, sie sind das Racheinstrument des Mentalen. Sie transportieren Hass und Trennung. Sie sind Ausdruck einer ungesunden Macht, die versucht, uns an Grenzen glauben zu machen. Dieses Instrument setzt eine Politik von Beherrschung und Kontrolle fort. Der Körper weiß sehr wohl, dass nicht er Sie selbst ist, dass er mit diesem engstirnigen Konzept eines „Ich“ nichts zu tun hat, das der Erkenntnis einer spirituellen Erfahrung, einer Erleuchtung gemäß handeln würde. Der Körper ist Bewusstsein, das Bewusstsein die Ganzheit.

Wir beginnen jede Suche auf intellektuelle Art. Wir hören von gewissen Meistern reden, von gewissen Schulen, wir kommen ihnen näher, und wir versuchen zu verstehen. Das ist doch ein wesentlicher Schritt. Jedes Verstehen fängt wohl damit an?

Das denke ich nicht. Der Versuch des intellektuellen Verstehens entsteht, weil wir versuchen, etwas wiederzufinden, das wir für verloren halten, oder – was üblicher ist – etwas zu finden, das uns möglicherweise fehlt. Daher kommt die Phantasie, ein Meister oder eine Schule werde uns das geben, was wir begehren. Aber das, was es begehrt, ist genau das, was es nicht dingfest machen kann, denn es ist das Ego.

Zu Beginn ist das vollkommene Verstehen, das sich jenseits von Dualität und Nicht-Dualität befindet. Ein Kind, das während zwei Stunden eine auf einem Blatt vorwärts kriechenden Raupe beobachtet, ist im vollkommenen Verstehen. Seine Neugierde auf das Leben ist so groß, dass es nicht einen Moment glaubt, es wäre da und würde gerade eine Raupe beobachten. Es ist in vollkommener Einheit und braucht weder Konzepte noch Unterweisungen, Meditationen, Wege, Verwirklichungen oder Erwachen, denn es lebt spontan in einem erwachten Zustand. Während dieser Beobachtung ist sein Atem kosmisch, seine Gesten sind harmonisch und sanft, es benötigt kein Yoga, keine Arbeit am Körper. Im Zustand der Raupe ist es die Ganzheit. Aber der Geist dieses Kindes ist noch fragil, es reagiert empfindsam auf Unruhe, Liebesmangel, Aggression, die es um sich herum beobachten kann, auf religiöse Konzepte, die Schuld, Unwürdigkeit, Trennung und Leiden mit sich führen. Nach und nach ist es gezwungen, das Land der Ganzheit zu verlassen, um sich in das Land des Unterschieds vorzuwagen. Später wird es denken, dass es mit Hilfe von Liebe und Sexualität wieder zu dieser in seinem Innersten gebliebenen Ganzheit finden kann. Manchmal wird es den Körper oder den Blick des anderen genau so anschauen, wie damals die Raupe. Beide werden dann das ekstatische Gefühl haben, erneut an den glühenden Kern des Seins gerührt zu haben, an den Rubin, von dem wir gerade sprachen. Nach Enttäuschungen in der Liebe wird die Suche weitergehen, und das Mentale wagt sich auf den Weg. Wenn dieser Weg uns nicht klar sagt, dass es einfach nur darum geht, die Raupe wiederzufinden, dann tötet er uns. Warum, meinen Sie, haben die Meister aller Traditionen wiederholt, dass es nur darum geht, das Kind, das Spontane, das Natürliche wiederzufinden?

Kann die intellektuelle Vorgehensweise geeignet dafür sein oder ist es dafür zu spät?

Wäre sie nicht geeignet, würden alle Lehrer schweigen. Da das Mentale die ständige Wiederholung des Immergleichen hört, kann es möglicherweise verstehen, dass es zur Rast geladen ist. In diesem Moment nimmt der Körper des Verstehens ganz natürlich seinen Platz ein.

Brauchen wir die Wiederholung?

Ja, denn es ist derartig einfach, dass wir nicht daran glauben können. Spreche ich mit zu großem Nachdruck vom Körper, betrachten die raffinierten Feingeister, die ihre spirituellen Fallstricke hinter sich herziehen, mich mit Verachtung.

Warum sind Sie da?

Um mit denen zu spielen, die Lust dazu haben, bis zum Erblühen der Einfachheit und der Freude, bis zur Rückkehr zur Raupe.

Den in der Suche Erschöpften mag das naiv erscheinen.

Schauen Sie sich die Gesichter der Meister an, sehen Sie darin nicht eine kindliche Klarheit?

Wie gehen Sie praktisch vor, wenn einer zu Ihnen kommt? Wie hindern Sie ihn daran, zu fokussieren, zu phantasieren, zu projizieren oder zu erwarten, gerettet zu werden? Wie bereiten Sie dieser Unmenge an Projektionen ein Ende?

Gar nicht. Wenn man die Phase abschneiden oder abkürzen will, in der sich der Suchende die Lehren und das Erwachen zu Eigen macht, dann bedeutet das, ihn seiner fundamentalen Freiheit zu berauben. Gäbe es keine Projektion, gäbe es Klarheit, – sie hätten dann kein Gegenüber.

Sagen Sie deutlich, dass man von Ihnen nichts erhalten kann?

Das sage ich fast jedes Mal, wenn ich den Mund aufmache, aber das ist zutiefst unverständlich, denn jeder hofft, das zu bekommen, was ihm seiner Meinung nach fehlt.

Also, was machen Sie?

Ich nehme ihn an die Hand und gehe im Raum spazieren, im Grenzenlosen, bis sein Körper sein eigenes Element erkennt. Es ist, als ob man jemanden mit Fruchtwasser bestreichen würde. Von einem bestimmten Moment an kehrt er in die Gebärmutter der Welt zurück und fühlt sich in ihr nicht mehr abgesondert.

Und wie gehen Sie gegen das zur Suche gehörende leidenschaftliche Element vor?

Ist eine Flamme da, entfache ich sie bis zum großen Brand des Egos. Die Leidenschaft ist unerlässlich. „In Wahrheit nährt die Leidenschaft, die wir für einen Menschen oder ein Objekt empfinden, unsere eigene Göttlichkeit und führt dazu, dass wir durch den Spiegel dieser

Leidenschaft die grundlegende Freiheit entdecken", sagt Goraska, ein großer tantrischer Meister des zwölften Jahrhunderts.

Ist das kein Risiko?

Sich vom Bett zu erheben, ist ein großes Risiko.

Aber das ist eine Art Spiel!

Ja, aber sobald Sie der andere sind und Sie selber sind nichts, und sobald Sie weder Willen noch Absichten haben, geschieht etwas Wunderbares, Subtiles, Inbrünstiges und Leichtes. Es kommt wie ein sanfter Wind. Das ist ein Spiel, bei dem Sie physisch alles empfinden, was der andere empfindet, da besteht eine vollkommene Kommunikation. Huai-hai gibt eine großartige Definition der Leidenschaft: „Erweckt man Dualität, ist es vulgäre Leidenschaft, vertilgt man sie, ist es heilige Leidenschaft."

Setzt das eine gewisse Distanz voraus, wie in einer Analyse zum Beispiel?

Distanz wem gegenüber?

Dem anderen.

Das ganze Spiel besteht genau darin, denjenigen, der sich für einen „anderen" hält, wieder in den Raum des Nicht-Unterschieds zu versetzen. Die wirkliche Natur von Körper-Geist zu zeigen, darum geht es. Es gibt überhaupt keine Distanz. Die Distanz ist ein Phantasiegebilde, nichts als Ablenkung. Ein präsenter Therapeut kann nicht distanziert sein. Wer sich beim Anhören Ihrer Alltags-Problemchen langweilt und an sein zukünftiges Schwimmbad denkt, ist distanziert. Aber wie kann einer, der sich seiner selbst nicht gewahr ist, der Person, die sich für eine andere hält, gewahr sein?

Ist diese Nicht-Distanz eine willentliche Handlung?

Sie ist völlig spontan. Zwei Körper gleiten plötzlich in das Bewusstsein, in die Spontaneität.

Wie geht das praktisch vor sich?

Manchmal trinke ich mit jemandem Tee – und es geschieht. Manchmal geschieht es durch einen Blick, durch körperlichen Kontakt, während der Meditation, beim Gehen auf der Straße, beim Kochen, beim Austausch von Banalitäten, beim Betrachten des Feuers oder schweigend. Es ist, als ob in einer Sekunde zwei getrennte Körper in denselben Ozean eintauchen und sich dessen unmittelbar bewusst sind.

Das erfordert eine große Aufmerksamkeit von den beiden Wesen im Gewahrsein…

Das nennt man Yoga. Die Rückkehr zur Raupe.

Kann sich diese Aufmerksamkeit, diese Gegenwart entwickeln?

Nein, man kann sie nur wiederfinden. Es gibt nichts anderes als die Erkenntnis, das ist der Sinn von *Pratyabhijñâ;* Erschauern ist der Sinn von *Spanda;* die große Praxis ist der Sinn von *Mahachinachara.*

Wie soll man das Yoga, das Sie lehren, definieren, das Yoga, das im Vijñañabhairava-Tantra dargelegt wird?

Das ist ein Yoga, wo Emotionen und Denken wieder in den Schoß des Körpers zurückkehren. In dieser Hitze kommt es zur Verschmelzung, und der Körper wird eindeutig zur Ganzheit. Es entsteht wie ein Schmelzen der unterscheidenden mentalen Aktivität, der gedachten Emotionen, beide ergießen sich in den Körper und hören auf, sich mit dem Ich, dem Ego, zu identifizieren. Der

Körper braucht diese Arbeit nicht zu tun, er nimmt, was sich in ihm entwickelt, in Liebe auf. Das ist die große Vereinigung, die Verwirklichung des Weges durch den Körper hindurch, das hat Mat-su als die Erfüllung des Ch'an betrachtet. Nach und nach behauptet sich dann die Gegenwart. Wenn Sie eine Sache machen, sind Sie eins mit ihr. Alles wird zum Weg. Huai-hai, ein Schüler von Mat-su, hat es in seiner *Abhandlung über das blitzartige Erwachen* sehr einfach ausgedrückt. Huai-hai's Nichte hatte Mat-su eine Abschrift mitgebracht, und der sagte nach der Lektüre zur Gemeinschaft: „Es gibt eine große Perle in der Provinz Yue. Sie ist vollkommen, klar, leuchtend und durchsichtig. Sie ist frei und durch nichts gefesselt." Ein Schüler fragte Huai-hai nach seiner Technik. Er antwortete:

„Wenn ich Hunger habe, esse ich. Wenn ich müde bin, schlafe ich."

„Jedermann ist euch gleich."

„Nein."

„Warum?"

„Wenn die anderen eine Mahlzeit zu sich nehmen, tun sie das streng genommen nicht, denn sie gehen noch hunderten von Dingen nach. Wenn sie schlafen, tun sie das streng genommen nicht, denn sie denken noch auf tausenderlei von Arten nach.

An anderer Stelle sagte Huai-hai: „Denkt man mit den sechs Sinnesorganen nach, so sind diese Überlegungen falsch. Gibt es kein Nachdenken, so sind diese Überlegungen richtig."

Manche werfen Ihnen vor, über Tantra und Ch'an zu

sprechen und mehrere Meister verschiedener Schulen gehabt zu haben.

Diejenigen, die sich vorstellen, dass es mehrere Wege gibt, sind vom Verständnis des eigenen Weges weit entfernt. Sie irren in ihrem eigenen Laden herum und vergessen dabei, dass sie sich auf dem Markt befinden. Ich habe meinen Durst an den Quellen, an denen ich vorbeigegangen bin, gestillt. Wasser bleibt immer Wasser, selbst wenn es an jeder Quelle anders schmeckt. Wenn Ihr Herz zur Quelle wird, hat Wasser nur einen Geschmack.

Gehört diese Offenheit zur Tradition des Tantrismus?

Kaschmir liegt an einer Wegkreuzung. Zu jeder Zeit haben die Bewohner Kaschmirs Menschen von unterschiedlichsten Gegenden getroffen: Chinesen, Griechen, Menschen aus dem ganzen Mittleren Orient, Tibeter, Inder... Es gab viele wechselseitige Einflüsse, die Tantrika waren all diesen Einflüssen gegenüber offen. Die Meister versuchten nicht, die Schüler innerhalb der Grenzen einer Richtung zu halten. Ihre Spezialität war vielmehr die Öffnung. Der große Abhinavagupta hatte zahlreiche Meister aus allen Schulen, darunter manche buddhistische Meister. Er spricht von allen tantrischen Schulen, und die anderen Meister sind ebenso offen. Man findet die Erwähnung in seinem „Tantraloka“ und in „Das Herz der Erkenntnis“ von Ksemaraja. Nan Huai-chin, den viele für den größten Meister des heutigen Ch'an halten, hat zweiunddreißig Meister gehabt. Dazu zählen Konfuzianer, Taoisten, Tantriker und Buddhisten mehrerer Schulen. Großer Durst, große Leidenschaft, großes Erwachen.

Kann man viele Leute diesen Weg lehren?

Nein, man braucht eine derartige Geistesgegenwart, so viele direkte Begegnungen mit Menschen, eine so große Verfügbarkeit, dass es sehr beschränkt bleibt. Man kann das mit zwanzig bis höchstens dreißig Personen durchführen. Das ist wirklich kein expansionistischer Weg. Der Kontakt von Körper zu Herz ist unverzichtbar. Man kann mit der Nicht-Dualität nur im Gegenüber in Berührung kommen und auf dem Meer des Grenzenlosen segeln.

8

DIE LEHREN DES JUWELS DER SPONTAN BEFREITEN YOGINI

Sahajayoginichinta war eine Sahajiya-Yogini des achten Jahrhunderts. Ihre Lehren markieren eine der kraftvollsten Ausprägungen des Tantra aus Uddiyana, einem Nachbarland von Kaschmir. Es ist das Geburtsland zahlreicher Siddhas. Einer von ihnen, Padmasambhava, brachte diese Lehren nach Tibet. Sahajayoginichinta war die Schülerin einer anderen berühmten Yogini, Lakshmankara, der Prinzessin des Reiches. Sahajayoginichinta hatte viele Schüler, darunter Ghanthapa, der diese Tradition nach Orissa brachte.

Als sich glorreiche Yoginis, strahlend vom Glanz selbstentstandener Weisheit, an dem königlichen Ort Uddiyana versammelten, begaben sie sich in die „unzerstörbare kosmische Versenkung", die unmittelbar die kraftvolle Energie der Wirklichkeit vermittelt, welche ohne Fehl ist und aus der Erkenntnis der höchsten Wahrheit aufsteigt. Und die „Erkenntnis der Wirklichkeit anhand ihres körperlichen Ausdrucks" strömte wie ein süßer Fluss von herrlicher Glückseligkeit ohne das geringste Stocken von ihren blühenden Lotoslippen.

Damit das eigene innere Selbst erkannt werden kann,
das ja spontan, ursprünglich rein und nicht-dual ist,
manifestiert sich das innere Selbst hier als Mann und Frau.
Das eigene Selbst, von Natur aus schöpferisch,
inszeniert die Wirklichkeit als körperlichen Ausdruck.

Wenn er eine entzückende Frau sieht,
Erleuchtung also spontan in verkörperter Form erscheint,
schaut ein Buddha sie mit spielerischer Leidenschaft an,
und Verlangen nach Wonne und Glückseligkeit entsteht.

Dann, mit tiefgründigen Liebeslauten,
erfreut sich das Selbst
wie ein Tänzer, wie in einem Traum,
an den fünf natürlichen Arten erotischen Spiels.

Dann, mit sanften und ehrlichen Worten,
zieht er sie an sein Herz.
Er reibt sie ein mit duftendem Parfüm
und erfreut seinen Geist an den bezaubernden Wohlgerüchen.
Haben sie dieses erfahren
und Glückseligkeit und Wonne
Gleich hundert Vasen voll Nektar erzeugt,
umarmen sie sich ohne zu zögern
und genießen die Abstufungen der Seligkeit.

Die Liebhaberin, mit verlangenden Blicken,
spricht Worte, süß wie Honigseim.
Sie vereint sich mit ihm
und bewegt die Lotosblüte,
die den Schauer der Wonne bringt.

Das innerste Selbst, auf seine Absicht bedacht,
sollte gesammelt bleiben,
während man sich
den unterschiedlichen Arten von Küssen widmet
um des einen Geschmackes willen,
während man sich der Vielfältigkeit des Liebesspiels
hingibt,
wie beißen, kneifen und so weiter.
Wenn sie dann intensive Glückseligkeit hervorgerufen
haben,
kratzen sie sich ab und zu
sanft mit ihren Fingernägeln,
um die Verblendung zu zerstreuen.

Durch den Geschmack des Verlangens
Weiß man allmählich nicht mehr,
wer der andere ist und
was einem selbst geschieht.
Die Liebenden erfahren unaussprechliche Seligkeit,
wie sie sie niemals zuvor erlebt haben.

Beide [der Mann und die Frau]
sind durch einen Strom von Vorstellungen gebunden,
die im Geist entstehen und aufsteigen.

Solange sie aber vereinigt sind,
wird der Geist an nichts anderes denken –
sie sind allein der Wonne gewahr.

Leidenschaftlich seufzend, werden beide,
unabgelenkt durch irgendetwas anderes,
überströmende, unübertreffliche Wonne erlangen und sie
noch steigern.
Sie erwachen aus dem Dunkel der Unwissenheit,
indem sie sich an den reichen Aktivitäten der Glückseligkeit erfreuen
und Seligkeit und Wonne entwickeln und steigern.

Die menschliche Wonne, mit ihren besonderen Merkmalen,
ist eben das, was zur spirituellen Ekstase wird,
wenn ihre Merkmale beseitigt sind –
frei von begrifflichem Denken,
die Essenz der selbsterscheinenden Weisheit an sich.

Weil der Geist, von einem subtilen Wind getragen,
seine ursprüngliche Essenz heiliger Glückseligkeit sucht,
wird er, sobald er befriedigt ist,
nicht mehr von anderen Dingen abgelenkt.
Er ruht in strahlender Wirklichkeit,
deren Essenz Methode und Weisheit ist.

[…]

Die heilige Glückseligkeit wird durch Wonne gefestigt,
durch höchstes Entzücken am Glück der anderen.

Wie soll man die Kinder erwecken,
deren inneres Leuchten verdunkelt ist,
durch das anfanglos wuchernde Karma?

Alle Bewegungen des Körpers,
die spontan aus dem erleuchteten Geist hervorgehen,
sind ihrem Wesen nach rein
und werden zu heiligen Gesten.
Was immer man spricht, es ist heilige Rede...
Alles Tun, sei es anmutig, heroisch, furchterregend,
mitfühlend, wütend und friedlich,
sowie Leidenschaft, Zorn, Stolz, Gier und Neid –
alles dies ist ohne Ausnahme
die vollkommene Form
der reinen, selbstleuchtenden Weisheit.

Eine geschickte Frau,
die den Reichtum all dieser Dinge
als ursprünglich rein nutzen kann,
hält die großen Vollendungen der höchsten Buddhaschaft in ihrer Hand.*)

*) Miranda Shaw, Erleuchtung durch Ekstase. Frauen im tantrischen Buddhismus. Wolfgang Krüger Verlag, Frankfurt 1997, Übers. Aus dem Amerikanischen: Thomas Geist/Heike Münnich

9

DAS BEWUSSTSEIN

Können Sie über das Bewusstsein sprechen, das, so glaube ich, von den Tantrikern anders gesehen wird als zum Beispiel vom Advaita-Vedanta?

Ich kenne das Advaita nur vom Hören-Sagen, ich kann dazu nichts sagen. Für die Tantriker ist das Bewusstsein Bewegung, Erschauern und Ganzheit. Kein Ausschluss, keine Grenze. Alle haben freien Zugang. Für Frauen geöffnet! Alle Wesen sind Bewusstsein, alle Universen sind Bewusstsein. Nichts Belebtes, nichts Unbelebtes. All das sind Unterscheidungen des Geistes. Das Bewusstsein ist Kreativität und manifestiert sich, wenn jede Handlung Yoga ist. Was wir für das individuelle Wesen halten, verliert seine Eigenschaften, wenn es im Meer des Bewusstseins badet und seinerseits zu Wasser und Welle wird. In diesem Sinn sehen wir die Wirklichkeit im Universum und im Körper, dort, wo die anderen die Illusion sehen. Für uns ist alles Bewusstsein, denn nichts existiert getrennt. Das ist das Bewusstsein des absoluten „Ich", das spontan emporsprudelt, sobald das duale Bewusstsein verschwimmt, sobald das persönliche Bewusstsein im Meer des Bewusstseins zusammenbricht. Das ist das kosmische Herz. Aus diesem kosmischen Herzen steigt alles empor, jede Handlung, jede sinnliche Wahrnehmung, jede Gefühlsregung und jeder Gedanke. Dorthin kehren alle Erscheinungen zurück, nachdem sie unseren Körper, unser Denken für einige Sekunden beschäftigt haben.

Im Sein zu leben meint, die geistige Intuition zu erfahren, bevor der Geist von der mentalen Aktivität gekennzeichnet ist. Yoga besteht also darin, jede Erscheinung als Kreativität des Bewusstseins zu sehen, bevor es wieder in dieses Meer zurückkehrt. Sobald etwas verschwindet, also seinem natürlichen Lauf folgt, baden wir im Meer des Bewusstseins. Nichts entgeht diesem Prozess, wozu dann wählen und unterscheiden? Es genügt, jede Erscheinung zum Herzen zurückzubegleiten. Es ist doch sowieso das Endziel aller Dinge. Es gibt also nichts zu tun, außer zu sehen, dass die lange Reise zurück zur Stille sich erfüllt, selbst wenn wir abwesend sind. Das ist die große Übung. Das ist die Urquelle, aus der wir kommen und zu der wir unablässig zurückkehren. Die Illusion, ein Individuum, ein getrenntes Wesen zu sein, besteht nur, wenn wir das Meer aus den Augen verlieren. Wir begeben uns dann in eine starre, geradlinige Dynamik, die uns von Anfang und Ende sprechen lässt, von Geburt und Tod, wo es eigentlich nur Erscheinen und Zurückfließen im Bewusstsein, im Herzen gibt.

„So ist dieses Bewusstwerden das Kernstück der Gesamtheit der Dinge, denn für das empfindungslose Universum ist das höchste Bewusstsein (die Grundlage, von dem es abhängt) das Kernstück, und für dieses Bewusstsein wiederum ist das große Herz das Kernstück", sagt Abhinavagupta.

Aber kann sich das individuelle Bewusstsein in diesem globalen Bewusstsein, in diesem Herzen widerspiegeln?

Das individuelle Bewusstsein kann sich nur in sich selber spiegeln, denn es besitzt kein Herzensbewusstsein, es besitzt nicht das Bewusstsein, vom großen sphärischen Spiegel des Meeres des Bewusstseins umgeben zu sein. Aber beim momentanen Verlust dieses egoistischen Zentrums kommt es zu einem Erwachen. Das individuelle Bewusstsein wird plötzlich zum Meer des Bewusstseins und verschwindet völlig, um dann, nach erneuter Ablenkung, wieder als individuelles Bewusstsein hergestellt zu werden. Letztendlich ist es nur eine vorübergehende Ablenkung, sich nicht im Meer des sphärischen Bewusstseins zu befinden.

Warum vorübergehend?

Weil die Ablenkung im Moment des Todes ein Ende nimmt. Unser Ego ist uns entzogen, unser gesamtes Zellgefüge in Einzelteile zerlegt und wie eine Handvoll Blätter in den Wind geworfen. Erwachen heißt, vorzeitig dem Leiden sterben.

Und was macht der Körper in der ganzen Angelegenheit? Es gibt doch sicher etwas, was jenseits des Körpers zu begreifen ist?

Der Körper ändert seine Natur nicht, ob zusammengefügt oder in einzelne Teile zerlegt. Das einzige Problem ist die „unterscheidende Intelligenz, die meint, die Ebenen des Realen und das Absolute seien zweierlei, tatsächlich aber sind sie mit ihm identisch. Die Reinheit besteht darin, einen solchen Gedanken zu zermalmen. Wenn sich der eigene Körper als das Gefäß des reinen Bewusstseins, und nur als das, begriffen hat und alle Spaltung geschwunden ist, lebt er allmächtig, identisch mit dem Herrn, am Herzen der Autonomie – reines Bewusstsein", sagt Abhinavagupta, und schließt sich damit Mat-su an.

Manche sagen, man müsse über den Körper hinausgehen.

Das käme der Aussage gleich, man müsse über das Bewusstsein hinausgehen. Wodurch? Wie?

Gott?

Das Bewusstsein ist das Göttliche, der Körper ist das Bewusstsein, und sogar das getrennte egoistische Wesen befindet sich in der Kraft des Absoluten und spiegelt sich in ihm wider. Wäre nicht alles miteinander verbunden, woher käme uns die Idee des Göttlichen? Wenn wir es befragen, spricht bereits das Göttliche in uns, das absolute Bewusstsein.

Aber kann das absolute Bewusstsein Formen annehmen?

Es nimmt alle Formen an, da es nichts gibt, was nicht Bewusstsein wäre.

Es kommt also nicht darauf an, ob man sich nach innen oder nach außen wendet?

Wird Ihr Körper durch die Kodierung des Egos begriffen, gibt es Äußeres und Inneres. Wenn sich das Ego loslöst und beruhigt, wird Ihr Körper die Ganzheit, das Göttliche, das Bewusstsein. Da die Objekte und alles, was Sie wahrnehmen können, diese Ganzheit sind, werden Ihre Sinne, Ihre Intuition, Ihr Denken, wohin sie sich auch hinwenden, das Abgesonderte benutzen, um in das Unendliche einzutreten, denn Sie sehen nichts, was noch von der absoluten Essenz isoliert, beziehungsweise nicht von ihr gesättigt wäre. Alles ist die Erfahrung der Ganzheit.

10

BRIEF AN ELEONORE

Eleonore ist ein kleines Mädchen von sieben Jahren. Sie hat mir einen Brief geschrieben, in dem sie mir ohne Umschweife acht Fragen stellte. Es sind wunderbare Fragen, weil es die wesentlichen Fragen sind, die sich alle Menschen stellen und auf die sie nie eine direkte Antwort bekommen. Angesichts der Unmöglichkeit, eine Antwort auf wesentliche Fragen zu erhalten, stellen die Menschen sie schließlich so, dass sie nur noch ein Schatten der grundlegenden Essenz enthalten. Es sind die ersten und die letzten Fragen, die man sich stellt. Sie lauten:

- Gibt es Gott?
- Wo in meinem Körper ist er?
- Womit lässt sich das Herz vergleichen?
- Wieso ist es in unserem Körper so klein?
- Warum habe ich keinen Regenbogenkörper?
- Wozu lebt man? Ich habe doch nichts als Sorgen.
- Warum liebt man?
- Was ist die Liebe?

Liebe Eleonore!

Hier sind einige Antworten auf deine Fragen, aber es kann auch noch andere geben. Während deines ganzen Lebens wirst du Menschen begegnen, die dir etwas anderes sagen werden, und du wirst sehen, sie alle denken, sie hätten Recht und möchten, dass du wie sie denkst. Lass dich von ihnen nicht beeindrucken, auch wenn es Lehrer sind oder Menschen, die von anderen bewundert werden. Höre ihnen jedes Mal aufmerksam zu, aber lasse in deinem Herzen ein großes Fragezeichen stehen, zum Beispiel ein blaues, rotes oder gelbes. Beobachte deinen Körper. Ist er zufrieden ist mit den Antworten? Bleibt er warm und weich, entspannt und geschmeidig wie eine kleine Katze? Oder wird er ganz steif und bekommt Lust, lieber im Wald spazieren zu gehen, zu spielen oder durch ein Fenster in den Himmel zu schauen? Dein Körper kann zuhören, und er kann vieles verstehen. Du kannst mit ihm sprechen und ihm auch zuhören. Er hat dir viel zu sagen, und er täuscht sich nie. Er weiß, was gut ist und was ihn zart bleiben lässt wie die Flügel eines Nachtfalters. Manchmal hat er gar nicht gern, was er hört. Dann zieht er sich zurück in sein Haus wie ein Einsiedlerkrebs, der darauf wartet, bis der Spaziergänger sich entfernt hat, um sich wieder fröhlich im Sand zu tummeln. Wenn du genau auf deinen Körper hörst, wird er dir sagen, ob es gut für dich ist, was dir die Leute erzählen. Du kannst sie auch anschauen und fühlen: Wie sind sie? Wie bewegen sie sich? Wie Tiger im Urwald oder wie Roboter? Riechen sie gut? Sind ihre

Bewegungen, ihre Gesten im Einklang mit ihren Worten oder erzählen sie dir eine andere Geschichte?

Du kannst auch den Bäumen, dem Himmel, dem Wasser eines Flusses, eines Sees oder des Meeres Fragen stellen.

Es sind Fragen, die du dir dein ganzes Leben lang immer wieder stellen wirst, und niemand kann sie dir besser beantworten als du selber, in jedem Moment deines Lebens. Was andere sagen oder denken, kann dir helfen, gewisse Dinge zu erspüren und zu verstehen, aber es kann dich auch verwirren oder dich unwohl fühlen lassen. Dein Körper ist wie ein treuer Freund, der dir sehr helfen kann, wenn du ihm vertraust.

Meine Antworten sind nur einige unter vielen. Ich habe nicht unbedingt Recht, und diejenigen, die dir das Gegenteil erzählen, haben nicht zwangsläufig Unrecht. Eine Antwort ist wie ein Fenster zum Himmel. Wenn die Vorhänge zurückgezogen sind, siehst du ein Stück Himmel. Wenn das Fenster rund ist, siehst du ein rundes Stück Himmel, wenn es quadratisch ist, siehst du ein quadratisches, wenn das Fenster rechteckig ist, ist auch dein Himmel rechteckig. Doch wenn du nach draußen gehst, hat der Himmel keine Form mehr, er umfasst den gesamten Raum. Manchmal bringt dich eine Antwort dazu, nach draußen zu gehen, und du siehst den ganzen Himmel.

Gibt es Gott?

Es gibt eine Vorstellung, da sieht Gott wie ein Weihnachtsmann aus. Man kann daran glauben oder nicht. Eine andere Vorstellung ist, dass Gott wie die Luft, wie die

Sonne, wie der Mond ist, und dass er überall ist, in allen Dingen, in allen Menschen. Er ist das Leben, Schönheit, Veränderung, Tag, Nacht, Morgen- und Abenddämmerung, Farbe, Klang, Geruch, Berührung und Geschmack der Dinge. Jedes Mal, wenn du atmest, wenn du etwas siehst, hörst, berührst oder schmeckst, kommst du in unmittelbaren Kontakt mit Gott, weil er überall ist. Manchmal ist er sogar in den Kirchen und Tempeln. Aber weil sie oft geschlossen sind, hat er sich entschieden, überall dort zu sein, wo Menschen sind, und sich in allen Dingen zu verstecken. Er muss lachen, wenn er sieht, dass ihn viele Leute nicht erkennen. Sie gehen den ganzen Tag an ihm vorbei, ohne guten Tag zu sagen, ohne ihn zu berühren, ohne ihm eine Blume zu schenken, einen Gedanken, eine Empfindung, eine Idee oder eine Intuition (ich meine damit eine Idee, die aus dem Körper kommt). Jedes Mal also, wenn du dich sehr lebendig fühlst, sensibel bist, schaust, berührst, horchst, riechst und schmeckst, ist er mit dir und freut sich, dass du ihn überall erkennst, wo auch immer er sich versteckt.

Wo in meinem Körper ist er?

Er ist überall, draußen und drinnen. Er hat keine Grenzen, er ist wie der Himmel. Wenn du einatmest, ist es, als ob du ein bisschen Himmel schlucken würdest. Wenn du einatmest, nimmst du also ein bisschen von Gott in dich auf. Er geht in dir spazieren. Atmen ist wie ein Gebet. Wenn du einatmest, lässt du ganz sanft deinen Bauch sich ausdehnen, lässt den Körper mit dem Atem sich bewegen, weich und geschmeidig. Und atmest du aus, ist es, als ob

Gott dir einen Besuch gemacht hätte und wieder in den Himmel zurückkehrt. Aber er kann sofort wiederkommen. Indem du sanft und tief atmest, kannst du tausende Mal am Tag beten und in deinem Körper, der das Paradies ist, auf Reisen gehen. Deshalb hört Gott nicht auf, ihn zu besuchen. Je sanfter und länger dein Atem wird, umso lebendiger werden die Dinge, die dich umgeben. Manchmal wirst du den Eindruck bekommen, dein Körper werde sehr groß, er dehne sich aus wie in einem Märchen. Es ist, als ob er auf einen Freund, den du siehst, zueilen würde, um ihn schneller berühren zu können. Er kann auf Leute zugehen oder auf Dinge, wie ein Butterbrot beziehungsweise eine Tasse Schokolade. In der Luft, wenn er durch die Straßen geht, im Wasser des Meeres oder der Badewanne, überall, wo er hingeht, trägt er ein bisschen von Gott mit sich.

Womit lässt sich das Herz vergleichen?

Das Herz ist das Leben. Es schlägt in dir, es dehnt sich aus, wenn du glücklich bist, es wird klein, wenn du traurig bist. Es ist wie ein Musikinstrument, eine Geige zum Beispiel. Wenn man sie in ihrem Kasten lässt, ohne sie zu berühren, ohne ihr hübsche Klänge zu entlocken, ist sie traurig. Das Herz ist das Barometer des Körpers. Du schaust auf den Zeiger und weißt, es steht auf Schönwetter, Regen oder Sturm. Das Herz ist aber auch das, was die anderen wahrnehmen, das, was du ihnen gibst, die Art, wie du sie berührst, ihnen zuhörst, sie anschaust. Wenn dein ganzer Körper weich und geschmeidig ist wie ein Fluss, scheint es, als ob Gott aus dir heraus zu den anderen fließen würde. Dann öffnen sich ihre Herzen und schlagen gemeinsam mit deinem.

Wieso ist es in unserem Körper so klein?

Es ist weder klein noch groß. Es kann alle Formen annehmen, je nachdem, was du fühlst. Wenn du dich glücklich fühlst, ist es riesig. Wenn du traurig bist, kann es winzig klein werden. Das Wichtigste dabei aber ist, dass es in Bewegung und lebendig ist, dass es sehr groß werden kann, um sich daran zu erinnern, wenn es klein ist. Dadurch bleibt es nicht lange klein. Es ist wie eine Welle. Einmal steigt sie gegen den Himmel und bildet Schaum, einmal stürzt sie in den Sand, in die Tiefe des Meeres und steigt dann wieder gegen den Himmel auf. Mit dem Herzen ist es ebenso. Wenn du es frei fließen lassen kannst wie eine Welle, dann wird es nicht lange unten im Tal bleiben, und die Traurigkeit wird sich in Freude verwandeln, sobald es aufsteigt. Deshalb schaue dich um, wenn du traurig bist. Du wirst den Himmel sehen, den Apfel auf dem Tisch. Die vorbeifliegenden Vögel sind nicht traurig. Sie rufen, als ob sie mit dir spielen möchten, und sogleich beginnt die Welle deines Herzens zu steigen. Du kannst auf ihr surfen.

Warum habe ich keinen Regenbogenkörper?

Wenn du die Bewegung, das Leben, das Pulsieren deines Herzens und deines Körpers spürst, ist es, als ob du, ohne dich zu rühren, am Meer sitzt und es betrachtest. Nach einiger Zeit wirst du dich plötzlich nicht mehr von deinem Körper eingesperrt fühlen. Du wirst ein Gefühl von Freiheit empfinden, dass du mit dem Meer, mit dem Himmel mitfließt. Wenn es plötzlich ein bisschen regnet und danach die Sonne wieder scheint, malt sich ein Regenbogen in den Himmel, manchmal sind es sogar zwei, einer über dem anderen. In diesem Moment schaust du sie an und atmest sanft. Auf einmal wird dein Körper in den Regenbogen getragen, er wird zum Regenbogen. Dein Körper ist wie ein Zauberer. Er kann alle Formen annehmen, er kommt überall hin, er kann sich öffnen und sich in den Himmel ausdehnen. Mit Hilfe der Einbildungskraft kann er unterschiedliche Formen annehmen, und das auch in der Realität, wenn du ihn die äußere Welt erfahren lässt. Im Regenbogen sind sieben Farben: Violett, Indigo, Blau, Grün, Gelb, Orange und Rot. Dein Körper hat fünf Sinne – den Tastsinn, den Sehsinn, den Geschmackssinn, den Geruchssinn und den Gehörsinn. Fehlte im Regenbogen eine Farbe, wäre er nicht so schön. Wenn das Licht durch die Wassertropfen durchschimmert, blitzt es in allen Farben auf, nicht nur in einer oder zwei. Dein Körper wird zum Regenbogen, wenn er die fünf Sinne erstrahlen lässt und du alle diese Wahrnehmungen zu einem leuchtenden Bogen um dich und in dir werden lässt.

Wozu lebt man? Ich habe doch nichts als Sorgen.

Leben ist wie Gehen. Du kannst dir vorstellen, dass du zu einer Bushaltestelle gehst. Wenn du beim Gehen in Gedanken die ganze Zeit beim Bus bist, der bald kommt, macht dir das Gehen keine Freude. Dann merkst du nicht, dass es Herbst ist, ein Blatt schöne Rottöne angenommen hat, der Himmel grau oder blau ist. Du merkst nicht, wie hübsch eine Wolke geformt ist, wie gut das dürre Laub riecht und dass eine glänzende Kastanie gerade ihrer Schale entschlüpft ist. Du hörst nicht, was dein Freund sagt, der dich begleitet. Du fühlst seine Wärme nicht. Du läufst Gefahr, von einem Fahrrad umgefahren zu werden oder mit einem Mann zusammenzustoßen, der gerade seinen Hund ausführt. Wenn du gehst, sind deine Sinne völlig wach, und du siehst und bemerkst Hunderte von Dingen, und manchmal hast du den Eindruck, du bist fröhlich, ganz einfach, weil du lebendig bist, atmest und wahrnimmst, dass deine Beine sich harmonisch bewegen, deine Füße den Boden spüren und wenn sie aufsetzen eine wundervolle, äußerst komplizierte Bewegung ausführen. Je besser es dir geht, um so mehr wirst du beobachten, wie schön es ist zu leben, einfach nur zu gehen, einen Vogel singen zu hören, eine Kastanie zu berühren, einen saftigen Apfel zu genießen, die verschiedenen Nuancen einer Farbe zu sehen, die Erde zu riechen und etwas mit deiner Intelligenz zu verstehen. Das alles lässt den Regenbogen aus deinem Herz heraustreten. Das Leben ist dazu da, völlig lebendig zu sein. Jedes Mal, wenn du traurig bist, wenn du Kummer hast, dann versuche zu sehen, was um dich herum ist, und du wirst bemerken, dass der Regenbogen noch immer da ist, wenn du weißt, wie du ihn sehen kannst. Es ist ein wenig wie mit Gott: Er versteckt sich gerne überall, und wenn man traurig ist, fühlt man sich wie am Grund eines Brunnens. Man vergisst, den Kopf zu heben und den leuchtenden Himmel zu sehen.

Warum liebt man?

Es ist eine natürliche Bewegung zu allem hin, das dich umgibt, dich berührt und in dir ein Gefühl entstehen lässt, das du in deinem Körper wahrnimmst. Es ist uns ein Bedürfnis, wie ein Fluss zu fließen und zu spüren, dass in uns auch andere Flüsse fließen. Ein Fluss, der ganz allein dahinzieht, ohne je mit einem anderen zusammenzukommen, wird in der Erde versickern und austrocknen. Sobald einige Regentropfen dazukommen oder du etwas hineingießt, wird ein Bach, und sei er noch so klein, schneller laufen und mit anderen Bächen zusammenfließen. Nach und nach wird er größer und ein Fluss werden und immer mehr Bäume umspülen. Fische und Vögel, Libellen und Boote, Verliebte und Schmetterlinge werden ihn sehen und voller Freude sein. Das Laub wird sich darin spiegeln, und traurige Leute spazieren am Ufer entlang. Vielleicht werden sie das Herz in den schnellen Wassern baden und leichter und mit offeneren Sinnen nach Hause zurückkehren.

Was ist die Liebe?

Es ist der Fluss, der in dir fließt und sich zu anderen hinbewegt. Komm nie auf die Idee, dass du ein Fluss bist, dem die anderen entgegenfließen, um ihm Freude, Vergnügen, Sanftheit und Zärtlichkeit zu bringen. Wenn du glaubst, dies alles käme nur von den anderen, bist du jedes Mal unglücklich, wenn die anderen Flüsse nicht mehr auf dich zuströmen. Es ist wunderbar zu spüren, dass du, sobald du aufgewacht bist, zu anderen fließen und ihnen Liebe schenken kannst. Du kannst auch zu Dingen fließen. Je mehr du das tust, umso mehr werden sie auf dich zufließen. Wenn du einfach im Nichtstun verharrst und wartest, wird wenig fließen. Einen Fluss dahinfließen zu sehen, gibt all den Bächlein den Wunsch, zu dir zu fließen, und allen anderen Flüssen die Sehnsucht, von deinem einzigartigen Wasser zu kosten. Es hat nie dieselbe Farbe, nie denselben Geschmack, denn immer wieder wird es durch andere Wasser bereichert. Die Liebe macht es möglich, dich zu öffnen. Dinge und Menschen können sich neben dir wie an der Sonne wärmen. Diese sagt nicht: „Heute wärme ich nur Taxifahrer und Mandarinen." Sie wärmt alle, Pflanzen, Tiere und Menschen. Sie fragt nicht danach, ob du aus China, Afrika oder Frankreich kommst, ob du eine große Nase oder einen dicken Hintern hast, ob du in einem schönen Haus oder in einer Blechhütte wohnst. Sie scheint für alle. Du kannst es machen wie die Sonne oder der Mond.

Wenn du möchtest, dass wir über all das weiterreden, komme mich besuchen. Wir gehen dann spazieren und erzählen uns Geschichten.

Ich umarme dich fest und danke dir, dass du mir diesen schönen Brief geschickt hast.

Daniel

11

MIT DEM RAUM BEKLEIDET

Hört man Ihnen zu, ist dieser Weg einfach. Wenn das so ist, warum gelangen dann so wenige Leute zum Verstehen, zur Klarheit? Besteht hier nicht das Risiko, extrem zu vereinfachen? Der Weg, dem ich bisher gefolgt bin, war wesentlich komplizierter. Ich musste nämlich fünf oder sechs Jahre lesen und intellektuelle Arbeit leisten, um erst einmal ein theoretisches Verständnis von der Sache zu entwickeln, auf die ich mich eingelassen hatte.

Wenn man das absolute Bewusstsein als jedem Menschen eingeboren annimmt, ist der Weg einfach. Wenn man das absolute Bewusstsein als eine Frucht, die es zu erreichen gilt, annimmt, ist der Weg absurd. Sich auszuziehen, seine Kleider auf den Boden fallen zu lassen, sich in seiner Nacktheit zu zeigen, ist ein einfaches, kindliches Vergnügen. Genau diese Einfachheit können wir auf diesem Weg berühren und lassen die Kleider, die unsere absolute Natur verbergen, eines nach dem anderen fallen. Im Tantrismus gibt es ein sehr schönes Bild der Verwirklichten: Man bezeichnet sie als „mit dem Raum bekleidet“. Foyan hat das im Ch'an deutlich ausgedrückt.

„Erreicht erst die vollkommene Nacktheit, das Erwachen wird folgen."

Welches sind die Kleider?

Alles, was die Rückkehr zur Quelle jeglicher Wahrnehmung, jeglicher Emotion, jeglichen Gedankens verlangsamt. Die Bezugnahme auf ein Ego ist die Lähmung des natürlichen Fließens. Alles, was durch das Ego hindurchgeht, wird vom natürlichen Weg, nämlich der Rückkehr zum Raum, abgelenkt. Sobald nichts den natürlichen Fluss hemmt, gibt es Denken ohne Denker, Sinneswahrnehmung ohne Wahrnehmenden, Empfindung ohne empfindlichen Kern. Jegliches Unverständnis, jegliches Leiden können einfach als eine Behinderung des natürlichen Rhythmus des Menschen definiert werden. Zu diesem Rhythmus zurückzufinden heißt, zu begreifen, dass es nichts gibt, was nicht zur räumlichen Quelle des Bewusstseins zurückkehren könnte und jeglicher Elan, jegliche Erscheinung, von der Sekunde an, in der sie emporsteigt, bis zur Sekunde, wo sie zum Raum zurückkehrt, vollständig vom Bewusstsein durchtränkt ist. Ist diese Gegenwart da, muss man nicht einmal mehr abwarten, bis sich alles im Raum in voller Klarheit und Reinheit zeigt, jeder Gedanke, jede Sinneswahrnehmung und jede Emotion. Padmasambhava, der große Meister aus Uddiyana, hat es in der aus seiner Sicht geheimsten Unterweisung so ausgedrückt: „Wie soll man sich auf das Nichtverstehen berufen, wenn nichts der Klarheit entgehen kann? Wie die tiefe Beschaffenheit des Geistes verkennen, wenn der sich selbst Befragende doch diese absolute Klarheit ist? Wie kann man sich für dumm halten, wenn Klarheit,

Bewusstsein und Raum unsere eigene Wirklichkeit sind? Wie will man glauben, dass das Denken uns begrenzt, wo doch Denken und natürliche Befreiung des Geistes gleichzeitig geschehen?"

Er fügte hinzu: „Die Gesamtheit der geheimsten Lehren beweist nichts anderes als diese höchste Verwirklichung." Warum soll man also versuchen, die Dinge zu verkomplizieren? Wir können auf der Stelle dieser wahrhaftige Mensch sein, der den Glauben an sich selbst, an seine absolute Nacktheit findet. Hören Sie auf, durch die anderen zu denken oder zu handeln. Sobald Sie jemanden zum Vorbild erheben, wer (oder welcher Weg) es auch immer sei, leugnen Sie Ihre eigene Fähigkeit, das Absolute in Ihrem eigenen Herzen zu erfassen. Wenn Sie einen Menschen treffen, der Sie inspiriert, benutzen sie ihn als Spiegel Ihrer eingeborenen Freiheit. So gibt es weder Imitation, noch Nachäfferei, noch Klone. Sie können kein anderer sein, warum dann so viel Energie verlieren? Sie können nicht künstlich zur Ruhe kommen und tiefschürfend sein. Warum also das ganze Gehabe? Das einzige Mittel, um zum absoluten Zentrum vorzudringen, besteht darin, seine eigene Verwirrung zu akzeptieren und nichts zu tun, um sie zu verbergen. Setzen Sie einmal Ihren Fuß an einen „spirituellen" Ort und sehen Sie sich diese eingestimmten Mienen an, das künstliche Lächeln, das tolerante und liebevolle Benehmen, die Formeln zwischen den 'Eingeweihten'. Wo ist der aufrichtige Mensch? Da gibt es nur Masken, Scheinheiligkeit, Nachahmerei, ein Leiden, das einem den Hals zuschnürt, und überdimensionale Egos, die unter dem Deckmantel der Liebe versteckt werden.

Der Meister ist erlesen, in jeder Hinsicht edel; die Schüler sind erlesen, in jeder Hinsicht edel. Der Meister benutzt ein besonderes Vokabular, die Schüler spucken eben diese verschlüsselte Sprache mit Gönnermiene wieder vor Ihnen aus. Lassen Sie Ihre Andersartigkeit doch explodieren! Ein Meister ist ruhig, seien Sie aufgeregt; er ist vulgär, seien Sie vornehm; er trägt schwarz, tragen Sie rot; die Mahlzeiten verlaufen schweigsam, erzählen Sie eine dumme Geschichte. So vermeiden Sie es, sich an seinen Schatten zu heften. Nach einer gewissen Zeit werden Sie, falls man Sie nicht weggeschickt hat, einen natürlichen Zustand berühren, der sich weder darum kümmert, mit dem Wind zu gehen, noch gegen diesen anzukämpfen. Sie sind der Wind, und Ihr Meister selbst wird Ihnen nicht folgen können, so anmutig ist Ihre Geschmeidigkeit. Lassen Sie sich nicht einwickeln. Öffnen Sie die Augen, beobachten Sie Ihre Verwirrung bis auf die Knochen, bis auf das Mark.

„Eines Tages kam ein Reisender zu Mat-su. Er sprang vor den Augen der entsetzten Schüler auf den Rücken eines Ehrwürdigen wie auf ein Reittier und stieß dabei einen Freudenschrei aus. Die Schüler rannten, um den Meister zu holen. Der betrachtete den Reisenden und sagte ihm: „Oh, mein spontaner Sohn!“ Der Reisende setzte sofort seinen Fuß auf die Erde und dankte dem alten Ma, dass er ihm einen Dharma-Namen gegeben hatte.“

Probieren Sie doch einmal diese Methode aus, um die Kleinmeister zu erschrecken! Wie viele unter all den heutigen Meistern wären tatsächlich zu finden, die einfach nur gute Schüler abgäben und zur Arbeit mit solchen bedeutenden Menschen fähig wären? Man müsste einen

Charterflug mit Meistern organisieren und sie zu einem wahrhaftigen Mann, einer authentischen Frau zum Arbeiten schicken. Bei der Reise wäre ich gerne dabei. Ein guter Praktizierender zu sein, ist bereits enorm, ist bereits die Ganzheit. Am Anfang, als ich von meinem Meister die Erlaubnis erhielt zu lehren, ist mir das passiert, was allen Lehrern passiert, nämlich sich für einen Meister zu halten. Aber die Götter haben mir als Geschenk ein paar wirkliche Begegnungen gesandt; die haben mich auf meinen Platz als Praktizierenden verwiesen, und das hat mir sehr gut getan. Lalita Devi hatte mich bereits gewarnt: „Am Tag, wo du meinst, du hast es geschafft, bist du tot", hatte sie mir gesagt. Das ist das Wunderbare dieses Weges. Er kommt niemals an ein Ende. Es wird immer einen Großen geben, der Sie mit einem Blick zur Strecke bringt. Ohne das wäre es unmöglich zu lehren. Es ist eine höllische Situation: Es ist immer etwas da, das starr wird und der Spontaneität entgeht. Deshalb haben die Zuhörer eine große Verantwortung; denn sie müssen den lebendig erhalten, dem sie zuhören. Sobald der Strom der Unterweisung sich aus jemandem ergießt, der sich für etwas Besonderes hält, besteht eine große Gefahr.

Der sechste Patriarch des Ch'an hat es klar gesagt: „Das ganze Dharma ist in eurem Körper und Geist versammelt, warum sollte also eure ursprüngliche Essenz, die Offensichtlichkeit des Wirklichen, nicht plötzlich in eurem Geist erscheinen? Ihr findet nur in eurem eigenen natürlichen Zustand Zuflucht. Wenn ihr euch auf der Suche nach einem Freund des Guten von euch selbst entfernt, in der Hoffnung, er möge euch befreien, findet ihr nichts und niemanden, denn in der Erkenntnis eures eigenen inneren Freundes, eures eigenen Geistes, werdet ihr zur Befreiung gelangen."

12

NUR DIESER KÖRPER HIER

Foyan war ein chinesischer Ch'an-Meister des zwölften Jahrhunderts, einer der großen Meister der Song-Dynastie. Seine kraftvolle und glänzende Lehre brachte die alten Meister wieder zu Ehren und erlaubte es dem Ch'an, sich der Fixierung auf die Meditation im Sitzen zu entziehen, die anfing, eine Art Fetischismus zu werden. Dagegen lehnten sich auch die meisten chinesischen Meister auf. Unter den Tsang blieben die Schüler aufrecht stehen, um die Unterweisung zu hören.

Versteht diese Anekdote des großen Mat-su. Ein Mönch verließ gerade den Predigtsaal, als Ma ihn ansprach. „Ehrwürdiger!" Der Mönch drehte den Kopf, und Matsu sagte: „Von der Geburt bis zum Tod gibt es nur diesen Körper hier. Warum zerbrichst du dir den Kopf und quälst deinen Geist?" Bei diesen Worten gelangte der Schüler zur Erleuchtung.

Worin besteht die Logik in dem Ganzen. „Von der Geburt bis zum Tod gibt es nur diesen Körper hier." Sobald die Absicht aufkommt, „diesen Körper" zu begreifen, ist er nicht zu sehen.

„Dieser Körper" ist schwer zu begreifen, sehr schwer zu begreifen. Heute sagen die Leute einfach: „Das ist diese Person, wer ist noch da? Es kann kein anderer da sein. Neunundneunzig von hundert verstehen es so. Was haben sie begriffen? Wenn ihr die Dinge in der Weise interpretiert, wie könnt ihr dann „von der Geburt bis zum Tod" verstehen und die direkte Einsicht von „es gibt nur diesen Körper hier" gewinnen?

Wenn ihr „diesen Körper" nicht augenblicklich seht, wie wollt ihr den Tod verstehen?

Wie verhält es sich mit dem von mir Gesagten und dem von Ihnen Gehörten im jetzigen Moment? Gibt es jemanden, der spricht und jemanden, der zuhört, oder gibt es weder Worte noch Gehörtes? Wenn ihr steht und ich euch gegenübersitze, lehre ich und ihr hört zu. Jeder Dörfler würde das sagen! Wie könnt ihr vorgeben, wirkliche Ch'an-Anhänger zu sein, wenn ihr behauptet, es gäbe weder Lehre noch Zuhörer? Dennoch sagte der große Ma: „Von Geburt bis zum Tod gibt es nur diesen Körper hier."

Wenn ihr bei diesem Punkt angelangt seid, müsst ihr einen Verwirklichten finden, um etwas zu verstehen.

Bevor ich begriffen hatte, war ich bejammernswert, also stellte ich meinem Lehrer ohne Unterlass Fragen. Sobald ich ihm eine Frage gestellt hatte, antwortete er. „Ich verstehe nicht. Ich weiß nicht. Ich bin lange nicht so gut wie du." Ich habe ihn auch gefragt, ob das Ch'an besonders leicht oder schwer zu begreifen sei. Er sagte mir einfach: „So, wie du bist, bist du vollkommen, warum fragst du, ob es schwer oder leicht ist? Mit dem Ch'an in Berührung zu kommen, ist eine Mischung aus Gold und Dung. Bevor du es verstehst, ist es Gold, danach ist es Dung." Damals habe ich seine Antwort nicht akzeptiert, aber nun sehe ich, dass die Worte schockierend sind und die Botschaft tief.

Die vollkommen Verwirklichten sprechen nicht unüberlegt drauf los, jedes Wort, jeder halbe Satz hat einen Sinn. Wenn sie versuchen, anderen zu helfen, geben sie weder gewagte Anweisungen noch bestätigen sie die anderen willkürlich. Bis heute gibt es Meister, die manchmal tiefgehend sprechen, manchmal überhaupt nichts begreifen. Warum? Einfach, weil sie noch nicht die vollkommene Verwirklichung erlangt haben. Einmal loben sie die anderen, einmal nicht. Wie kann man mit dieser Vorgehensweise den Satz erhellen: „Von Geburt bis zum Tod gibt es nur diesen Körper hier."

Bei genauem Hinschauen werdet ihr sehen, dass die Menschen der Gegenwart nicht anders als die Menschen der Vergangenheit sind, und die Funktionen der Gegenwart nicht anders als die Funktionen der Vergangenheit. Sogar durch tausend Verwandlungen und Myriaden von Transformationen hindurch müsst ihr es von selbst und aus erster Hand erkennen, bevor ihr nur irgendetwas erreichen könnt.

Wenn die heutigen Menschen das Prinzip nicht mit Gewissheit erreichen können, dann deshalb, weil sie es nicht erkennen können. Und warum erkennen sie es nicht genau? Weil sie die Lehren der Vorfahren nur subjektiv interpretieren. Tut ihr das, werdet ihr es nie erfassen. Ich sage euch, wenn ihr euch den Kopf zerbrecht und euren Geist quält, seid ihr verloren. Der sparsamste Weg, vom energetischen Standpunkt her betrachtet, besteht darin, mit Fragen aufzuhören und die Dinge auf direkteste Art anzugehen.

Ihr kommt zum ersten Mal zu mir, angefüllt mit Rationalisierungen, ihr benutzt die alten Worte und findet euch an Händen und Füßen gefesselt wieder. Das ist, als würdet ihr eine reine Oberfläche mit Schmutz beschmieren. Ich habe euch gesagt, ihr sollt aufhören, so zu kommen, wie ihr gestern wart. Stattdessen sollt ihr euch mir mit einem neuen Verstehen zeigen. Ihr aber antwortet: „So war ich gestern, so bin ich heute." Das ist nichts als emotionales Bewusstsein.

Wie könnte ich euch tadeln? Die Vorfahren waren so übervoll mit Liebe, dass sie euch sagten: „Wenn ihr geht, geht der Buddha, wenn ihr sitzt, sitzt der Buddha, alle Dinge sind die Unterweisung des Buddha, alle Laute die Stimme des Buddha, alle Formen sind Formen des Buddha." Und ihr habt verstanden, dass alle Laute die Stimme des Buddha seien und alle Formen die Formen des Buddha. Nachdem es nicht inakzeptabel ist, derart daneben zu liegen, fragt sich, was der Sinn darin ist?

Ich sage es euch gerade heraus: In dem Moment, wo ihr die Zeichen berührt, seid ihr schon verloren. Sobald ihr es mit Hilfe vom Licht des Wissens offenkundig machen wollt, habt ihr es bereits verdunkelt. Hängt euch also nicht an meine Worte. Jeder von euch möge selbstständig seine Erforschungen anstellen. Ihr könnt die Texte der Vorfahren betrachten, schweigend sitzen oder die Welt aufmerksam beobachten. Das alles sind Wege der Erforschung. Alles ist der Ort der Verwirklichung. Wenn ihr euch während Tagen und Monaten auf einen einzigen Punkt konzentriert, dann werdet ihr sicherlich einen Durchbruch haben.

Als Guling von einer Reise zurückkehrte, fragte sein Mentor ihn:

„Du bist von hier weggegangen, um zu reisen. Was hast du gefunden?“

„Ich habe Pai-chang gesehen und Friede und Glückseligkeit erlangt.“ Anschließend zitierte er ein Gedicht von Pai-chang:

Das geistige Licht scheint unabhängig
Transzendiert Sinne und ihre Objekte,
Die Essenz ist offenbart, authentisch und ewig
Nicht in die Schriften eingesperrt.

Die Natur des Geistes ist makellos
Und von Anbeginn vollkommen aus sich selbst
Löse dich einfach von mentalen Objekten
Und erwache zum Sein, so, wie es ist.

Bei diesen Worten gelangte der alte Mentor auf der Stelle zur Erleuchtung.

Es gibt auch die Geschichte von Xuefeng, der sah, wie die Blätter eines Baumes im Wind zitterten und einen Schüler darauf aufmerksam machte.

„Das ist fürchterlich“, sagte der Schüler.

Xuefeng schnalzte mit der Zunge und sagte:

„Das geschieht in deinem eigenen Haus, warum Furcht haben?“ Bei diesen Worten gelangte der Schüler zur Erleuchtung.

Nachdem sich alles in euch selbst abspielt und alles in eurem eigenen Haus geschieht, warum versteht ihr nicht? Nur, weil ihr immer auf und davon lauft und nicht in euch selbst Wohnung nehmt. Aber jetzt, im Angesicht eines Meisters, lasst eure eigene Natur nicht ins Vergessen geraten. Das nennt man, der Vernunft gemäß zu handeln, wenn man das Höchste in sich selbst kennt.

Von der Geburt bis zum Tod gibt es nur diesen Körper hier. Warum zerbrichst du dir den Kopf und quälst deinen Geist? Jeder von euch möge diese Worte in seinem Innersten betrachten![*)]

*) Instant Zen, Waking up in the Present,
Nach der Übersetzung ins Englische von Thomas Cleary,
North Atlantic Books, Berkeley, Kalifornien, 1994, S. 57 ff.

13

CH'AN UND TANTRA

Verstehe ich es richtig, handelt es sich bei Mahachinachara um eine Art geheimen, selten gelehrten Weg, der Tantra und Ch'an miteinander verbindet. Können Sie darlegen, inwiefern sich dieser Weg von den beiden Schulen, so wie sie gelehrt werden, unterscheidet?

Man könnte sagen, Mahachinachara sei in gewisser Weise die Duftessenz von Ch'an und Tantra. Es wird nicht als eigentlicher Weg gelehrt, sondern ist vielmehr eine Färbung, ein Seinszustand, für den man offen wird, wenn man lange den einen oder anderen Weg praktiziert hat. Die Ch'an-Meister waren ursprünglich Chinesen und verwendeten den Ausdruck *Mahachinachara* – der Große Chinesische Weg – nicht, aber sie lehrten seine Substanz. Diese besteht in einer immensen Akzeptanz der menschlichen Natur und einer völligen Loslösung der von den Mönchen eingeführten Verhaltensregeln. Auch die Aufnahme der Frauen brach gänzlich mit den indischen und chinesischen Bräuchen. Viele Meister waren Laien, wie Seng-ts'an, der dritte Patriarch, und die Hälfte der erwachten Schüler des zweiten Patriarchen, Hui-k'o. Unter ihnen gab es Frauen. Was den

Tantrismus betrifft, so ist dieser Aspekt noch üblicher, denn die Frauen erfreuten sich dort als Meister eines großen Rufes. Die Meister wurden niemals ohne ihre Shakti erwähnt, ein großer Teil vom aufblühenden Tibetischen Buddhismus kommt von den Frauen aus Uddiyana und aus Kaschmir.

Man muss gut verstehen, dass sich in den Anfängen des Ch'an kleine Gemeinschaften von freien Menschen, oft ursprünglich Taoisten, um den Meistern gruppierten. Diese außergewöhnlich unabhängigen und reifen Wesen hatten bereits vorher als Eremiten gelebt und teilten die Essenz des Ch'an miteinander, frei von allen Konventionen. Die Meister lieferten sich alle Arten von Duellen, um die Anwärter auf den Erleuchteten-Titel in Verwirrung zu bringen. Die Meister von kleinem Format wurden davongefegt, selbst wenn sie erleuchtet waren. Die größten Meister akzeptierten es, von denen, die es konnten, heruntergemacht zu werden. Das machte das Ch'an so lebendig. Heute zieht man sich auf seine Güter zurück und zittert, wenn ein Wahrhaftiger die Arena betritt. Die Schüler selber frösteln und fürchten die Kontroverse. Wer unter den tausenden von Gurus, die heute im Amt sind, würde ein Wortgefecht mit Leuten von diesem Kaliber überleben? Zehn vielleicht? Selbst da bin ich noch optimistisch. Dieser Geisteszustand war derart reich, dass nur kosmische Menschen wirklich lehren konnten; und natürlich gab es immer eine gute Handvoll Schüler, die zum Erwachen kamen. Aber sehr oft blieben sie selbst nach der Erleuchtung noch zehn oder fünfzehn Jahre bei ihrem Meister, um den Goldklumpen zu polieren. Ob in Uddiyana, im Kaschmir oder in Assam, das blieb sich gleich.

Engstirnige Mönche haben das Zen getötet. Der Puritanismus hat alle mystischen Richtungen bis in die Tiefen unterwandert und sie völlig verschmutzt, das geht so weit, dass nur wenige Laien als große Meister anerkannt sind. Glücklicherweise und Dank des Humus, der während fünf oder sieben Jahrhunderten von außerordentlichen Ch'an- und Tantra-Meistern gebildet worden war, haben einige zur Quelle zurückgefunden und erteilen noch die große Lehre. Nan Huai-ch'in, der von vielen für den größten Meister des heutigen Ch'an gehalten wird, ist ein Laie und während Jahren Schüler eines Tantra-Meisters gewesen. Sein Einfluss ist heute beträchtlich. Seine Lehre hat die Duftnote des ursprünglichen Ch'an, lebhaft, funkelnd und ohne Konzessionen. Dieser dreiundachtzigjährige Meister macht keine große Umschweife: „Warum ist das Ch'an so schwach geworden? Bis zur Zeit der Tang-Dynastie besaß das Land Kraft in Hülle und Fülle. Die Ch'an-Meister waren alle große Helden und besaßen viel Mut. Aber seit dem Ende der Song ist es zum Ch'an der Tugendhaften geworden." Auch er spricht vom Körper: „In Wirklichkeit befindet sich dieser wahrhaftige, wunderbare und leuchtende Geist, der die große Erde, die Berge, die Flüsse und alle äußeren Elemente umfasst, in eurem Körper. [...] Heute ist das, was die Leute für das authentische Ch'an halten, nur eine Bewegung mit den Lippen."

Dieser Zustand ist nicht nur unserer Zeit zu Eigen. Im zehnten Jahrhundert bereits schrieb Lin-chi, Mat-sus Erbe in der dritten Generation: „Es scheint, man hat einzig mit Ch'an-Meistern zu tun, die wie Jungvermählte nur eine Sorge haben, nämlich von ihrem Kloster davongejagt zu werden und sich des Korns beraubt zu sehen, das man ihnen zu essen gibt, ihrer Sicherheit und ihres Komforts. Wozu ist einer gut, der von der ganzen Welt anerkannt wird?" Und über die Meister sagte er: „Die guten Schüler machen sich lustig über die blinden, glatzköpfigen alten Spitzbuben, die in der ganzen Welt Verwirrung stiften. (...) Möge das geistige Strahlen, das von euren sechs Sinnen ausgeht, niemals aufhören! Wer immer die Dinge auf diese Weise sehen kann, wird während seines ganzen Daseins ein Mann ohne Geschäfte sein. [...] Die Erleuchtung und das Nirvana sind Pflöcke, um Esel anzubinden." Das ist die unwandelbare Duftnote der Meister der Tang-Dynastie.

Was den Tantrismus betrifft, so ist dieser auf eine traurige hedonistische Maskerade beschränkt, die durch die Psychologie der sechziger Jahre zu einer „geheiligten Sexualität" neu formatiert wurde und einem Ksemaraja oder einer Lalita Devi diametral entgegengesetzt ist. Der „Große Chinesische Weg" bedeutet die Ausmerzung des Geheiligten. Die, die vorgeben, es in der Sexualität zu finden, haben noch nicht einmal den Schatten der Substanz der Dinge begriffen. Da es weder Geheiligtes noch Profanes gibt, möge man mir ein einziges Ding zeigen, das nicht geheiligt wäre! Man soll doch endlich aufhören, das egoistische Aneinanderreiben der Organe hochzuspielen und sich vielmehr in die Gewissheit des Wirklichen hineingleiten lassen, wo nichts mehr aufgespalten, wo es weder Gegensätze noch besondere Merkmale gibt, sondern eine einzige vibrierende Wirklichkeit. Sie ist das große Herz des Tantrika, das große Herz des wiedergefundenen Erschauerns, das große Herz der tief empfundenen Freude. Diese Freude wird unaufhörlich mit dem Strom der Ruhe getränkt, mit dem Licht, das jedem mit der Ganzheit verbundenen Körper eingeboren ist. Man soll doch endlich aufhören, die Leute mit dieser abgeschmackten „geheiligten Sexualität" zu locken, die nichts als bittere Spuren hinterlässt, Spuren, die die Körper als Opfer von Erregung und Ego-Besessenheit gefangen halten können. Wenn Sie die Straße entlanggehen und Ihr Körper seine räumliche Unversehrtheit wiedergefunden hat, befinden Sie sich im Meer des Erschauerns, egal was Sie tun. Hören Sie auf, von besseren Möglichkeiten, die Ganzheit zu erreichen, zu träumen. Einzig das Erschauern Ihres ganzen Seins in all Ihren Handlungen kann die Vorstellung von Trennung ausmerzen. Der Körper leidet, sobald er als Schrein für das Ego dient, und wird geheiligt, sobald er das Universum birgt.

Nur wenige sind unter diesen Voraussetzungen in der Lage, den feinen Duft von Mahachinachara zu riechen. Doch welch ein Meer der Freiheit, des Erschauerns, des Lebens ist jenen vergönnt, die fähig dazu sind.

Sind Sie gerührt, wenn Sie einem Menschen begegnen, der die Fähigkeit besitzt, diesen Weg zu erfassen?

Es gibt nichts Schöneres. Es ist wunderbar, ein sich öffnendes Gesicht zu sehen, einen Körper, der beginnt, den Raum zu berühren, ein sich beruhigendes Denken, eine Akzeptanz des Lebens, die die Grenzen des Egos völlig übersteigt. Nach hunderten von Stunden, die man von Angesicht zu Angesicht verbracht hat, kommt plötzlich ein befreiender Hauch auf, eine unsagbare Freude, ein wahrhaftiges Verständnis des Lebens. Alle Zellen beginnen zu fließen, bereit zum Übergang von Herz zu Herz. In jedem dieser Augenblicke finde ich das mystische Erschauern von Lalita Devi wieder. Ich bin nur noch eins mit ihr und ihrer ganzen Linie, so sehr, dass ich niemals der Illusion verfalle, irgendetwas zu tun. Das ist ein Vorgang, der zu sehr über mich hinausgeht, um noch über einen Namen, einen Körper oder eine Lehre identifizierbar zu sein. Das, was mir erlaubt, gewisse Dinge zu sagen, die schreckhaften Naturen heftig erscheinen können, kommt zweifellos daher, dass ich nie den Eindruck habe, überlegen zu sein oder authentischere Lehren zu erteilen als diejenigen, über die ich mich lustig mache. Ich habe vielmehr den Eindruck, nichts als ein Atom ohne eigentliche Identität zu sein, aufgenommen in den Fluss eines majestätischen Stroms. Ich bin weder der anerkannte Wortführer des Stroms noch sein Verteidiger, weder Subjekt noch Objekt. Ich lasse es fließen und höre zu. Ich entdecke, ich lerne, und ich halte den Rubin unter den Wasserfall, damit das Licht durch ihn hindurch scheint.

Es ist merkwürdig, gleichzeitig seine Zeitgenossen zu geißeln und sich nicht im Besitz der Wahrheit zu glauben?

Das geht sehr gut zusammen. Wenn man sich für jemanden oder etwas hält, wie würde man sich dann von denen unterscheiden, die sich auf die Äste der Kokospalme geflüchtet haben, die man schüttelt?

Ich habe mehrmals bemerkt, dass Sie das unbestimmte Pronomen „man" benutzen. Haben Sie Angst, im eigenen Namen zu reden?

Es ist der Tick eines schwachen Gemüts, immer „ich" zu

sagen. Wie steht es denn mit der großen Gemeinschaft aller Menschen, wie steht es denn mit dem räumlichen Körper, der die Ganzheit der Welten enthält? Wenn Sie das in Ihrem Blut spüren, scheint das grammatikalische „ich“ oft unangemessen, es ist nicht wirklich der Ausdruck des kosmischen „Ich“, des organischen Körpers, der alles ist. Das grammatikalische „ich“ ist mehr ein Modeausdruck als ein Ausdrucksmodus. „Man“ ist von kurzer Dauer und schließt die Ganzheit mit ein. Sprechen heißt auch, die Vorstellung zu akzeptieren, dass man im Namen aller Wesen spricht, auch von allem angeblich Unbelebten. In diesem Moment kann die Sprache keine „Botschaft“ mehr transportieren, denn sie ist der Ausdruck der Gesamtheit.

14

DAS HERZ DER ERKENNTNIS

(*Pratyabhijñahrdayam*)

Ksemaraja, Schüler von Abhinavagupta, war einer der großen Meister des kaschmirischen Tantrismus des zehnten Jahrhunderts. Als tiefer Bewunderer von Utpaladeva, der die Grundsätze der *Pratyabhijña*-Schule oder der Erkenntnis des Selbst formuliert hatte, arbeitete er ihre Essenz heraus. In diesem großartigen Text verband er dieses System mit dem *Spanda*, der Schule des Erschauerns, die ihm sehr am Herzen lag. Das ist einer der kürzesten und reichsten Texte des kaschmirischen Tantrismus. Auf seine Weise artikuliert auch er die Lehre von Mahachinachara.

Durch seine eigene freie und spontane Bewegung offenbart das absolute Bewusstsein das Universum, erhält es und nimmt es wieder in sich auf.

Das Bewusstsein hat die Macht, die Wirklichkeit ihrem eigenen Spiegelbild gegenüber zu entfalten.

Die illusorische Vielfältigkeit des Universums erscheint durch das Verhältnis von Subjekt und Objekt.

Der Experimentator, dessen Bewusstsein verzerrt ist, nimmt das Universum in seiner verzerrten Form wahr.

Das absolute Bewusstsein wird zum individuellen Bewusstsein durch eben diese Verzerrung. Sie wird durch die Objekte des Bewusstseins hervorgerufen.

Das individuelle Bewusstsein ist das absolute Bewusstsein.

Aber wenn das Bewusstsein dual erscheint und diese Dualität mit dem Schleier der Illusion verdeckt ist, splittert sich das Bewusstsein erneut auf und nimmt die Form der fünfunddreißig Tattvas an.

So erscheinen alle philosophischen Standpunkte wie vom absoluten Bewusstsein gespielte Rollen.

Wenn das Wissen, das Verlangen, der Raum, die Zeit und die Kraft der Verwirklichung durch das individuelle Bewusstsein begrenzt sind, so ist die Shakti begrenzt.

Aber selbst in seinem verdunkelten Zustand ist das begrenzte Selbst von absoluter Natur.

Das Selbst offenbart, genießt, wird räumlich, befruchtet und löst alle Hindernisse auf. Das ist die Sicht der Yogini und des Yogin.

Von einem Seelenzustand zum anderen zu gehen, bedeutet, in der Illusion der Trennung zu sein und die Sicht der Siddhas nicht zu erkennen.

Öffnet man sich diesem Wissen, wird das begrenzte Selbst zum absoluten Selbst.

Das Feuer des höchsten Wissens brennt. Es verzehrt jegliches aufgesplitterte Wissen und jedes Objekt.

Diese Macht der Erkenntnis der wirklichen Natur des Universums schließt jegliches Ding mit ein.

Glückseligkeit zu erlangen, heißt, zu erkennen, dass das absolute Wissen unsere wahre Natur ist.

Die Herzensmitte zu öffnen, ist die Glückseligkeit des Geistes.

Yoga wird praktiziert durch die Konzentration auf das Herz, durch die Rückkehr der mentalen Gebilde und Wahrnehmungen in den Raum, durch die fortwährende Wahrnehmung der Räumlichkeit, die den Gebilden und Wahrnehmungen zu Grunde liegt; durch das konstante Erschauern der Kundalini, durch das Samadhi in der Wirklichkeit; durch die stetige Rückkehr zum Unausgesprochenen über Atem und Mantras; durch das Fließen des Atems zwischen den Herzen.

Innere Erfahrung und Wirklichkeit gehen ineinander auf, so ist das Samadhi endlich dauerhaft verankert.

Dann wird man in das höchste Selbst gegründet, in die Essenz des Bewusstseins, die Autonomie und Glückseligkeit ist. Die gesamte Wirklichkeit geht vom absoluten Selbst aus und wird von ihm wieder aufgenommen. Shivas Natur ist verwirklicht. *)

*) Vom Autor aus dem Englischen, nach der unbearbeiteten Version von Lalita Devi.

15

GANZHEIT

Jedes Mal, wenn ich Sie vom Körper reden höre, klingt etwas in mir nach. Meine Intuition sagt mir, dass es sicherlich etwas Wunderbares ist, sich von der Empfindung mitreißen zu lassen, sich ihr völlig hinzugeben. Mir passiert das manchmal, aber ich bin nicht sicher, ob wir auch wirklich vom Gleichen reden. Können Sie diesen Vorgang der Hingabe genauer beschreiben, das, was sie empfinden, wenn sich das Mentale zur Ruhe begibt, wie sie sagen?

Wenn wir vom Mentalen, vom Geist sprechen, dann bringen wir ihn vorübergehend in einen Gegensatz zu Körper und Fühlen und lösen uns damit von einem Ort, einem Standpunkt und einer Handlungsweise ab, mit denen wir neunzig Prozent unserer Zeit verbringen. Es geht darum, die körperlich/geistige Ökologie wieder herzustellen; es hat keinen absoluten Wert. Wenn Sie sich Körper und Geist als zwei unterschiedlichen Begriffen zuwenden, schaffen Sie eine willkürliche Dualität, um aus der Dualität herauszukommen. Ihr Geist wird rebellisch und macht Ihnen das Leben sauer. Wenn Sie sich des Körpers und Ihrer Sinneswahrnehmungen gewahr sind, nimmt ihr Geist an dieser Ekstase teil, aber nicht mehr in der Rolle des Diktators. Er ist da, entzückt und friedlich, und erlebt einen physischen Orgasmus; denn im Gewahrsein und Loslassen bildet das Hirn Endorphine, euphorisierende und schmerzstillende Hormone, die durch die Hirnanhangdrüse abgesondert werden. Je schneller Sie aus dieser willkürlichen Spaltung herauskommen, desto schneller werden Sie bei sich Wohnung beziehen. Sich auf seinen Körper zu konzentrieren, ist nur eine Rückkehr zum Gleichgewicht, zum natürlichen, organischen Funktionieren. Das bedeutet, ein Land der Fülle wiederzufinden, in dem es an nichts fehlt.

Alles ist aus dem Wasser heraus entstanden. Nachdem die großen Bergketten geformt waren, ging eine wahre Sintflut auf die Erde nieder, und allmählich, während hunderten von Millionen Jahren, begann das Leben sich zu regen. Die Pflanzen steckten ihre Stiele aus dem Wasser, die Fische erfanden das Gerippe, die Organe, die Lungen, die Nieren, die Flossen, dann bekam der Körper Beine, und langsam, sehr langsam haben wir uns auf das Festland gewagt. Noch einige Millionen Jahre, und wir hatten uns aufgerichtet. Unser Hirn ist leistungsfähiger geworden. Wir haben Werkzeuge erfunden, den Krieg, die Kunst, die Magie, die Götter und den Yoga, die mystische Suche.

Findet der Körper das Leben wieder, findet er nicht nur das Leben einer Frau des einundzwanzigsten Jahrhunderts wieder, sondern die Gesamtheit des Lebens. Unser Hirn enthält noch Spuren dieses großen und lange währenden Abenteuers, aus dem der Mensch entstanden ist. Wie können wir die Ekstase erklären, die uns ergreift, wenn wir uns dem Meer überlassen, wenn wir im Sand herumspazieren, wenn wir uns an den Düften des Waldes erfreuen, am Licht, wenn wir plötzlich aus dem Meer unserer Mutter – dort sind wir als Embryo geschwommen – emportauchen? Wenn wir uns lieben, woher kommen diese ursprünglichen und feinen Gefühle, diese subtilen Vibrationen, die unseren Körper erfüllen und jede Form von Schönheit ans Licht bringen können? Wenn unser Denken starr ist, stellt es sich vor, eine Person in einem bestimmten Alter mit gewissen Eigenschaften zu sein, mit einem Ego anstelle des Herzens. In diesem Moment schneiden wir uns von unseren Ursprüngen ab, wir sind nur ein winziger Teil der Zeit, der sich für etwas Besonderes hält. Warum versichern uns die Mystiker, dass wir niemand, dass wir nichts sind? Einfach deshalb, weil sie die Erfahrung gemacht haben, dass wir, sobald wir diese Fixierung aufgeben, aus unserer mentalen Verpuppung herauskommen und die Ganzheit wiederfinden. Nichts zu sein, erschreckt die Menschen, denn sie sehen nur das Nichts und die Auflösung, aber es ist tatsächlich genau das Gegenteil. Sobald wir uns nicht mehr auf einen mentalen Körper beschränken, entdecken wir den kosmischen Körper, in dem das Universum und die ganze Geschichte der Menschheit, der Pflanzen, der Tiere und der sogenannten unbelebten Materie vibriert. Wir finden dieses organische Magma einfach deshalb wieder, weil es unsere fundamentale Wirklichkeit ist. Die Tatsache, es wiederzufinden, lässt in uns Spuren, Bruchstücke von ganz weit entfernten Emotionen, hochkommen, einen menschlichen Reichtum, in dem alles zum Vorschein kommt. Dann stellen wir fest, dass wir nicht diese faden und furchtsamen Wesen sind, die völlig einem erbärmlichen Gedanken unterworfen sind, einer Epoche, einer Philosophie oder einer Religion. Wir entdecken Empfindungen, die uns Angst machen, denn sie entsprechen nicht den blassen Farben der Babywäsche, die wir unser Leben lang getragen haben. Die Existenz beginnt zu glühen. Man kann Lust haben, den anderen zu verschlingen oder ihn zu töten, nachdem er mit uns geschlafen oder uns widersprochen hat. Wir fragen uns nicht, ob er versichert ist oder ob wir genug für unsere Rente einzahlen. Wenn wir einmal die Furcht vor der Auflösung überwunden haben, die große Furcht, dann machen wir die Erfahrung der Gesamtheit der menschlichen Gefühle, von den gewalttätigsten zu den subtilsten. Unsere Ausdrucks- und Gefühlspalette explodiert. Wir können das physische Gefühl haben, zu verbrennen, zu verschwinden oder das Opfer von Leidenschaften zu sein, von denen die meisten Menschen keinen Begriff haben. Die Intuition erschließt sich, der Körper wird zum Vulkan, die Wahrnehmungen werden feiner, und in uns spielt sich die gesamte Erschaffung der Welt und die Menschheitsgeschichte ab. Wir nehmen die Weite wieder in uns auf.

Sobald dieser Prozess in Gang kommt, überkommt uns eine verrückte Trunkenheit. Die anderen sind nicht mehr anderswo als in uns selbst, die Wahrnehmungen sind nicht mehr ausgerichtet. Man gleitet in die große kosmische Sphäre. In diesem Moment gibt es weder Ihr noch mein Bewusstsein, weder Ihren noch meinen Körper, weder Ihren noch meinen Gedanken. Lin-chi, der sich wunderbar darauf verstand, seine Schüler aufzurütteln, sagte: „Es gibt ein authentisches Wesen in der Masse eures nackten Fleisches, das ständig durch die Pforte eurer Sinne kommt und geht. Ihr, die ihr es noch nicht gesehen habt, schaut gut hin!"

Eigentlich ist das alles äußerst einfach. Von Anbeginn tragen wir die Ganzheit in uns, und genau in dieser Sekunde können wir sie wiederfinden. Warum soll man sich den Geist zermartern? Von Geburt bis zum Tod gibt es nur diesen Körper hier. Es gibt nur das organische Leben, denn es enthält allen Reichtum der Welt. Jeder kann es berühren, denn keiner war je davon getrennt. Es ist da, vor Ihnen, vor Ihren Augen, zwischen Ihren Füßen und Ihrer Schädeldecke, zwischen Ihrer rechten und Ihrer linken Hand. Eine unermessliche Kontinuität, ein räumliches Bewusstsein, ein unendlicher Körper.

16

DER GESANG DES HERZ-GEISTES

(Hsin-hsin-ming)

Niu-t'ou (Büffelkopf) Fa-jung lebte im siebten Jahrhundert. Er ist der tantrischste unter den chinesischen Ch'an-Meistern und vielleicht der größte Bilderstürmer. Er lebte in einer Grotte, wohin die Vögel ihm Blumen brachten. Tao-hsin, der vierte Patriarch, hörte von diesem außergewöhnlichen Menschen und beschloss, ihm einen Besuch abzustatten. Es ergab sich eine der größten Begegnungen des Ch'an. Niu-t'ou scherte sich nicht um Formalitäten. Er saß schweigend in seiner Grotte und erhob sich nicht einmal, um seine Besucher zu grüßen. Er schien nichts zu tun, deshalb nannte man ihn auch „den Faulen"; aber Tao-hsin ließ sich nicht täuschen. Er übertrug ihm das Siegel der blitzartigen Lehre, die er von Seng-ts'an erhalten hatte. Daraufhin verfasste Niu-t'ou dieses wunderbare Gedicht *Der Gesang des Herz-Geistes*. Im Chinesischen besagt ein einziges Ideogramm gleichzeitig „Herz" und „Geist". Die Übersetzer wählen die eine oder andere Bedeutung. Ich habe sie miteinander vereint.

Die Natur des Herz-Geistes kommt nirgendwo her
Was nützen Wissen und Ideen?

Ursprünglich nicht eine Wahrheit
Warum also von Praxis reden?

Kommen und gehen ohne Ende
Suchen ohne zu finden,
Lieber nichts tun
Dann scheint Frieden auf.

Die Vergangenheit ist leerer Raum
Wissen ist der Verlust des Ursprungs.
Verbreite dein Licht über die Welt
Erwacht und dennoch dunkel.

Ist die Dynamik des Ohne-Geist blockiert
Verfehlt man die Wahrheit.
Dinge kommen, um sich wieder aufzulösen
Was nützt die Innenschau?

Ist alles Aufscheinende erst einmal frei
Sind die Dinge selbst Erwachen.
Um den Herz-Geist zu reinigen,
Muss man ihn erst noch finden.

Keine Erwachen durch Zeit und Raum hindurch.
Das ist die wirkliche Tiefe.
Das Wissen ist Nichtwissen
Und das Nichtwissen erfasst das Wesentliche.

Den Herz-Geist zu benutzen, um den Herz-Geist zu beruhigen,
Ist die größte aller Verfehlungen.
Aus dem Vergessen von Geburt und Tod
Steigt die ursprüngliche Natur empor.

Das höchste Prinzip kann nicht erklärt werden.
Es ist weder gebunden noch befreit.
Erschauernd und eingestimmt auf die Welt
Liegt seine Gegenwart direkt vor den Augen.

Habt ihr kein Objekt vor euch
In diesem Nichts, der Ganzheit der Welten,
Erforscht es nicht mit Hilfe der Weisheit,
Denn seine Substanz selbst ist dunkel und leer.

Gedanken steigen auf und verschwinden,
Der vorangehende mit dem nachfolgenden identisch.
Ohne das Aufsteigen des Nachfolgenden,
Zerrinnt der vorangehende Gedanke.

Gegenwart, Vergangenheit, Zukunft – nichts ist da.
Kein Herz-Geist, kein Buddha.
Die befreiten Menschen zeigen sich
Mit offenem Herz-Geist aus dieser Freiheit heraus.

Nun unterscheiden sie Profanes und Geheiligtes.
Ihre Verwirrung blüht.
Sie verirren sich durch Haarspalterei.
Suchst du die Wahrheit, verlässt du den Weg.

Die Heilung besteht in der Verwerfung von Profanem und Geheiligtem
Alsdann die reine, funkelnde Klarheit.
Weder Geschicklichkeit noch Arbeit sind vonnöten.
Handele wie ein Kind.

In dieser Lebhaftigkeit
Stilles Wissen
Ruhe, von Ansichten befreit
In der Dunkelheit deiner Bleibe.

Lebhaft, ohne umherzuirren,
Ist der Geist still und friedlich,
Alle Erscheinungen wirklich und ewig,
Einer Überfülle, die keinen Unterschied macht, entsprungen.

Gehend, kommend, sitzend, stehend,
Ohne Bindung,
Keine Richtung weisend
Kann es da noch Geburt und Tod geben?

Da sind weder Einheit noch Zerstreuung,
Weder Langsamkeit noch Schnelligkeit.
Ruhe und Licht sind, was sie sind,
Und können nicht erklärt werden.

Der Herz-Geist ist wahrhaft er selbst.
Unnötig, dem Begehren ein Ende zu setzen.
Die räumliche Natur

Lässt den Herz-Geist gehen, wohin er will.
Weder klar noch bedeckt,
Weder tiefgehend noch oberflächlich.
Fällt er von Anfang an aus der Zeit
Und hat keine Zukunft.

So, nicht unterworfen,
Ist er ursprünglicher Herz-Geist,
Der ursprünglich nicht ist.
Denn Ursprung ist der jetzige Augenblick.

Die Erleuchtung hat immer existiert,
Nicht nötig, sie zu schützen.
Die Qualen haben niemals existiert,
Nicht nötig, sie zu beenden.

Die Intuition erhellt sich durch sich selbst.
Alle Wahrheiten sind nur das.
Es gibt weder Zurückgeben noch Geschenk.
Höre auf zu kontemplieren, vergiss die Beherrschung.

Fortdauer, Glückseligkeit, Reinheit und Ego kommen nicht plötzlich zum Vorschein.
Der essenzielle Körper, der Körper der Glückseligkeit und der Körper der Verwandlung –
Sind schon immer da gewesen.
Die sechs Sinnesorgane berühren ihre Königreiche.
Die Unterscheidung ist nicht das Wissen.

Im eins-gerichteten Herz-Geist ist kein Irrweg.
Die Myriaden von Bedingtheiten kommen in
Übereinklang.
Herz-Geist und die ursprüngliche Natur verschmelzen
Vereint, aber voneinander unabhängig.

Ohne irgendwas zu bewerkstelligen, auf die Erscheinungen eingestimmt,
Genieße überall die Ruhe.
Das Erwachen kommt im Fehlen des Erwachens.
Also erwache dem Nicht-Erwachen!
Was Gewinn oder Verlust anbelangt,
Warum willst du sie beurteilen?
Alles, was lebt,
War immer gegenwärtig.

Wisse, dass Herz-Geist die Abwesenheit von
Herz-Geist ist.
Ist die Krankheit vorbei, keine Medizin mehr.
Wenn du verwirrt bist, befreie Dich.
Erwacht, ist alles wie vorher.

Von Anbeginn an ist nichts zu erreichen.
Wozu sich von der Welt lösen?
Wenn einer vorgibt, Dämonen zu sehen,
Kann man ihm unablässig von der Leere erzählen,
Er sieht sie doch!
Zerstöre nicht die Emotionen der Menschen.
Lehre sie einfach, die Absicht aufzulösen.

Sobald die Absicht verschwindet, ist der Geist
aufgehoben.
Im Herz-Geist aufgehoben, heißt nicht zu handeln.
Was nützt es, den Raum zu behaupten?
Die Klarheit herrscht ganz natürlich.

Hat er Tod und Geburt vollständig ausgelöscht,
Setzt der tiefe Geist im Urprinzip sich fest.
Im Öffnen der Augen und Sehen der Formen
Ist der Herz-Geist auf die Welt eingestimmt.

Im Inneren des Herz-Geistes – keine Welten.
Im Inneren der Welten – kein Herz-Geist.
Aber wenn du den Geist benutzt, um die Welt
auszulöschen,
Sind beide beeinträchtigt.

Der friedliche Herz-Geist und die Welt als solche.
Nichts zu erfassen, nichts aufzugeben.
Die Welt zerfällt in Herz-Geist
Herz-Geist löst sich in der Welt auf.

Wenn weder der noch der andere erscheint,
Sind Ruhe und Klarheit grenzenlos.
Das Erwachen spiegelt sich wider
Auf den ewigen Wassern des Geistes.

Natürlich, einfach von Herz und Geist
Ohne sich in der Nähe oder Ferne festzusetzen,

Gleichgültig für Gunst oder Ungnade,
Suchst du dir deine Bleibe nicht aus.

Alle Bindungen hören plötzlich auf.
Vergessen stellt sich ein.
Der ewige Tag geht in die Nacht über.
Die ewige Nacht verschmilzt mit der Helligkeit.

Äußerlich jenseits der Norm
Innerlich weit und wahrhaftig
Die, die nicht von der Welt beunruhigt sind,
Groß sind sie und beständig.

Ohne jeden Blick, sogar ohne den Blick auf das Geborensein
Gegenwärtig und ohne Vorstellungen
Alles erfüllend
Von jeher die Ganzheit durchdringend.

Denken führt zum Mangel an Klarheit
Es ertränkt den Körper und verwirrt ihn.
Den Herz-Geist zu benutzen, um die Aktivität anzuhalten,
Macht sie noch launenhafter.

Die zehntausend Wahrheiten sind überall,
Doch gibt es nur einen Zugang.
Er geht weder ein noch aus,
Jenseits von Ruhe und Erregung.

Der Scharfsinn der Zuhörer und Erwachten allein
Kann es nicht erklären.
Tatsächlich ist kein einziges Objekt zu erfassen.
Es existiert allein die wunderbare Weisheit.

Dein ursprüngliches Gesicht ist grenzenlos.
Der Geist kann es nicht erfassen.
Der authentische Erwachte kennt kein Erwachen.
Das Leere ist nicht leer.

Alle Buddhas der Vergangenheit, Gegenwart
und Zukunft
Reiten auf diesem Grundprinzip herum.
Die Spitze eines Haares
Erhält die Gesamtheit der Welten.

Hänge dich an nichts
Lasse den Herz-Geist frei.
Binde ihn nirgendwo fest,
Und die räumliche Klarheit kommt spontan hervor.

Friedlich, ohne Dualität zu schaffen,
Befreit in der grenzenlosen Raum-Zeit,
Hinterlässt deine Handlung keine Spur.
Gehen oder Kommen macht überhaupt keinen
Unterschied.

Die Sonne des Wissens ist friedlich,
Das Licht des Samadhi leuchtend.

Es erhellt diesen formlosen Garten,
Scheint über die Stadt des Nirvana.

In dem Einen, keine Beziehung mehr zum Objekt.
Der Herz-Geist ist im Wesentlichen aufgehoben und in ihm verankert.
Ohne dich von deinem Sitz zu erheben,
Ruhst du friedlich in einem leeren Saal.

Sich am Tao zu erfreuen, ist beruhigend.
Frei entspannt im Schoß der Wirklichkeit umherzuschweifen,
Ohne zu handeln und etwas zu erwarten,
Ohne von etwas abzuhängen, zeigst du dich natürlich.

Unbegrenzt sind Benehmen und Geisteszustände
Alle auf demselben Weg.
Wenn du sie nicht durch den Herz-Geist entzweispaltest,
Bleibt alles in der Nicht-Unterscheidung.

Wissend, dass geboren und nicht geboren eines sind,
Erscheint die Ewigkeit.
Der Weise erreicht das Höchste
Ohne die Hilfe des Wortes.*)

*) The Poetry of Enlightenment, Poems by Ancient Ch'an Masters
Ch'an Master Sheng-yen, Dharma Drum Publications. Elmhurst 1987, S. 35
Übersetzt vom Autor

GLOSSAR

Bhagavan: Ehrentitel, der den Befreiten verliehen wird.

Ch'an: Chinesische Form des Zen-Buddhismus

Kali: Schöpferische und zerstörerische Gottheit, die die Zeit abschafft.

Ksemaraja: Kaschmirischer Meister des 11. Jahrhunderts.

Mahachinachara: Der Große Chinesische Weg

Mahakala: Der große Zeitverschlinger

Mantra: Gebetsformel, die wiederholt wird.

Mudra: Symbolische rituelle Geste der Hände

Nagarjuna: Großer buddhistischer Philosoph des 2. Jahrhunderts

Nirvana: Die große Auslöschung

Sahajiya: Der spontan Befreite

Sangha: Gemeinschaft der Gläubigen

Satsang: Versammlung bei einem Guru. Göttliches Zusammensein durch die Gnade des Meisters

Shakti: Die große Göttin, die ursprüngliche Energie

Shiva: Schöpferischer Gott des Yoga und des Tanzes

Siddha: Vollendeter Meister

Tara: Eine der zehn Formen der großen Göttin, der die Tantrika ein Ritual bereiten. Diejenige, welche die Illusion durchschauen lässt.

Yoni: Die Vulva, die Gebärmutter, der Ursprung

BIBLIOGRAPHIE

Le Bouddhisme ch' an en mal d' histoire, Bernard Faure, École française d'Extreme-Orient, 1989.

Entretiens, Mazu, introduction, traduction et notes de Catherine Despeux, Les Deux Océans, 1980.

L' Expérience de l' éveil, Nan Huai-chin, «Points Sagesses», Seuil,1998.

L' Éveil subit, Houei-hai, traduit et présenté par Maryse et Masumi Shibata, Albin Michel, 1998.

Tchan, Zen, racines et floraisons, ouvrage collectif, *Hermès* n° 4, Les Deux Océans, 1985.

Houang-po, Entretiens, présentés et traduits par Patrick Carré, «Points Sagesses», Seuil, 1993.

Au cœur du ch' an, Dennis Gempo Merzel, «Voyageurs immobiles», J.-C. Lattès, 1997.

Les Secrets de la méditation, Thomas Cleary, trad. Daniel Odier, «Voyageurs immobiles», J.-Cc. Lattès, 1998.

Aux sources du bouddhisme, sous la direction de Lilian Silburn, Fayard, 1977.

Fa-hai, le Soûtra de L' Estrade du sixième patriarche Houei-neng, présenté et traduit par Patrick Carré, «Points Sagesses», Seuil, 1995.

Les Chants mystiques de Kânha et de Saraha, M.

Shahidullah, Adrien-Maisonneuve, 1928.
Le Sacre du Dragon vert, Eric Baret, «Voyageurs immobiles», J.-C. Lattès, 1999.
La Lumière sur les tantras, Abhinavagupta, traduit et commenté par Lilian Silbum et André Padoux, Institut de civilisation indienne, dif. de Boccard, 1998.
Sivasûtra et Vimarsini, Ksemarâja, traduit et introduit par Lilian Silbum, Institut de civilisation indienne, dif. de Boccard, 1980.
Spandakârikâ, stanees sur la vibration, Vasugupta, introduit et traduit par Lilian Silbum, Institut de civilisation indienne, dif. de Boccard, 1990.
Le Paramârthasâra, Abhinavagupta, introduit et traduit par Lilian Silbum, Institut de civilisation indienne, dif. de Boccard, 1979.
Petite Histoire du ch' an, Nguyen Huu Khoa, «Points Sagesses », Seuil, 1998.
Zen, l' éveil au quotidien, Roland Yuno Rech, Actes Sud, 1999.

Englische Titel:

The Blue Cliff Record, Thomas Cleary, Shambhala, 1992.
The Transmission of the Mind outside the Teachings, Charles Luk, Grove Press, 1974.
The Five Houses of Zen, Thomas Cleary, Shambhala, 1997.
Instant Zen, Waking up in the Present, Thomas Cleary, North Atlantic Books, 1994.

Zen Letters, Teachings of Yuanwu, J.-C. and Thomas Cleary, Shambhala, 1994.

No Barrier, Unlocking the Zen Koan, Thomas Cleary, Bantam Books, 1993.

The Recorded Sayings of Layman P'ang, Dana R. Fraser, John Weatherhill, Kyoto.

The Lankavatara Sutra, D.T. Suzuki, S.M.C. Publishing, Taipei, 1994.

The Flower Ornament Scripture, Thomas Cleary, Shambhala, 1997.

The Royal Song of Saraha, Herbert V. Guenther, SMC Publishing, Taipei, 1992.

Ecstatic Spontaneity, Saraha' s Three Cycles of Dohâ, Herbert V. Guenther, Asian Humanities Press, California, 1993.

The Stanzas on Vibration, trans. with intro. and exposition by Mark S.G. Dyczkowski, State University of New York Press, 1992.

The Recorded Sayings of Zen Master Joshu, trans. by James Green, Shambhala, 1998.

The Lotus Sutra, trans. by Burton Watson, Columbia University Press, 1993.

Complete Enlightenment, Ch'an Master Sheng-yen, Dharma Drum, 1997.

The Story of Chinese Zen, Nan Huai-chin, Tuttle, 1995.

Tantra

Daniel Odier
Tantra – Eintauchen in die absolute Liebe

Pbk., 220 Seiten,
ISBN 3-89427-246-5

Wie viele an östlicher Spiritualität interessierte Abendländer bricht Daniel Odier zu einer Reise nach Indien auf, um die Geheimnisse der Weisen des Himalaya zu erkunden. Odier war kein Anfänger, sondern durch frühere Studienreisen bereits mit der indischen Philosophie vertraut. Doch diesmal sollte seine Reise mehr sein als nur eine „Studienreise".
Daniel Odier schildert in diesem bewegenden Buch seinen dramatischen Bewusstwerdungsprozess, der ihn über seine Ängste, Vorurteile und Begrenzungen hinausführt und zu einem erwachten Menschen werden lässt.
Mit Sicherheit eines der besten und vor allem authentischsten Werke, das je von einem Abendländer über Tantra geschrieben wurde.
Ein Buch, das wahrhaft den Weg zur absoluten Liebe aufzeigt!

Eintauchen in die absolute Liebe